O MÉTODO DE MEDITAÇÃO PARA QUEM NÃO GOSTA DE MEDITAR

Título original: *The 6 Phase Meditation Method*
Copyright © 2022 by Vishen Lakhiani
O método de meditação para quem não gosta de meditar
1ª edição: Março 2024
Direitos reservados desta edição: CDG Edições e Publicações
O conteúdo desta obra é de total responsabilidade do autor
e não reflete necessariamente a opinião da editora.

Autor:
Vishen Lakhiani

Tradução:
Juliana Pavão

Preparação de texto:
Cínthia Zagatto

Revisão:
Debora Capella
Iracy Borges

Projeto gráfico e diagramação:
Jéssica e Luisa Tavares

Capa:
Dimitry Uziel

DADOS INTERNACIONAIS DE CATALOGAÇÃO NA PUBLICAÇÃO (CIP)

Lakhiani, Vishen
 O método de meditação para quem não gosta de meditar : a técnica comprovada para alimentar sua mente, manifestar seus objetivos e fazer mágica em poucos minutos por dia / Vishen Lakhiani ; tradução de Juliana Pavão. — Porto Alegre : Citadel, 2024.
 208 p.

ISBN 978-65-5047-418-8
Título original : The Six Phase Meditation Method

1. Meditação 2. Autoajuda 3. Autorrealização I. Título II. Pavão, Juliana

24-0642   CDD - 158.1

Angélica Ilacqua - Bibliotecária - CRB-8/7057

Produção editorial e distribuição:

contato@citadel.com.br
www.citadel.com.br

Vishen Lakhiani

O MÉTODO DE MEDITAÇÃO PARA QUEM NÃO GOSTA DE MEDITAR

A técnica comprovada para alimentar sua mente, manifestar seus objetivos e fazer mágica em poucos minutos por dia

Tradução
Juliana Pavão

CITADEL
Grupo Editorial
2024

*Para Hayden e Eve. Em primeiro lugar.
E para minha família, Kristina, Roope, Ljubov,
Mohan, Virgo. Para minha equipe na Mindvalley
e todos os autores e estudantes incríveis espalhados
pelo mundo: vivemos para atender vocês.*

SUMÁRIO

PREFÁCIO	7
INTRODUÇÃO	23
COMO PRATICAR A MEDITAÇÃO DE SEIS FASES	45

CAPÍTULO 1
   FASE 1: O círculo de amor e compaixão 55
CAPÍTULO 2
   FASE 2: Felicidade e gratidão 79
CAPÍTULO 3
   FASE 3: A paz pelo perdão 105
CAPÍTULO 4
   FASE 4: Uma visão para o seu futuro 131
CAPÍTULO 5
   FASE 5: Dominando o seu dia 157
CAPÍTULO 6
   FASE 6: A bênção 169
CAPÍTULO 7
   DA PRÁTICA À MAESTRIA – Palavra final 183

TRANSCRIÇÃO DA MEDITAÇÃO DE SEIS FASES	193
AGRADECIMENTOS	201
NOTAS	203

PREFÁCIO

No dia 19 de setembro de 2019, vários amigos me mandaram as seguintes mensagens:

Parabéns! Lemos a matéria sobre você!
Espero que esteja muito orgulhoso.
Que demais!

Eu tinha acabado de acordar. *Espera, quê?*
Não fazia a menor ideia do porquê de estarem me parabenizando. Era um dia totalmente normal para mim, assim como tinha sido o anterior. Sentei-me na cama no meu apartamento na época, em Kuala Lumpur, na Malásia, meditei, fiz um shake de proteína, tomei banho e peguei um Uber para o escritório.
Mas as mensagens não paravam de chegar.
Por acaso, meu nome tinha saído nos jornais naquela manhã, falando sobre a vitória do US Open.
Calma, não se empolgue muito: eu mesmo não havia ganhado nada.

Mas uma adolescente romena-canadense chamada Bianca Andreescu, sim. Ela vencera Serena Williams num torneio tenso e ganhara seu primeiro título de Grand Slam. Desde então o mundo todo passou a torcer por ela.

Além disso, a animada jovem de dezenove anos derrotara Serena da forma mais elegante, positiva e gentil possível. Ela não só a cumprimentara com um aperto de mãos como até se desculpara pela vitória!

Isso não havia passado despercebido pela mídia, que achara seu talento e sua maturidade fascinantes. Tinham perguntado a ela de forma bem simples: "Como foi que conseguiu?".

Aparentemente, Bianca sorrira e respondera: "Deixa eu mostrar!".

E aqui é onde eu entro na história. Ela havia pegado o celular e exibido a capa do meu primeiro livro, *O código da mente extraordinária*.

Eu já tinha mencionado o protocolo da Meditação de Seis Fases no meu primeiro best-seller, e, ao ler sobre isso, Bianca se inscrevera no meu seminário buscando usar essa técnica de maneira estratégica para melhorar seu desempenho e otimizar sua vida. Todos os dias, ela visualizava a si mesma vencendo o US Open (você aprenderá sobre isso na Fase 4). E olha só aonde ela chegou.

Isso quer dizer que você vencerá o US Open quando terminar de ler este livro? Provavelmente não. Estes capítulos não te ensinarão a vencer partidas de tênis. Mas posso adiantar que te ensinarão a vencer na vida, conquistando os objetivos mais importantes para você como indivíduo.

Bianca é uma dos milhões de pessoas que usam a Meditação de Seis Fases para se sentir melhor e dar o melhor de si para alcançar o inimaginável.

E ela não é a única atleta de ponta a usar, não. Tony Gonzalez, jogador Top 100 no Hall da Fama da NFL, também fala dessa meditação em vários artigos para a imprensa. Reggie Jackson, do LA Clippers, e toda a sua família também (você pode ver entrevistas com essa galera incrível no meu Instagram, @vishen).

Mas a Meditação de Seis Fases não é só para atletas. Ela é usada por artistas, empresários, músicos, cantores e celebridades de Hollywood que você provavelmente já viu nos cinemas.

Veja o Miguel, cantor e compositor do álbum *War & Leisure*, por exemplo. A revista *Billboard* escreveu um artigo interessante[1] sobre seu hábito de meditar com toda a equipe antes de shows grandes: "Miguel Talks Connecting with Fans Through Meditation Before His Shows" (Miguel se conecta com fãs por meio da meditação antes dos shows). Que meditação? A *Billboard* queria saber.

Miguel respondeu: "É uma meditação guiada em seis fases, narrada por Vishen Lakhiani, que atravessa a consciência, a gratidão, o perdão, propósitos para os próximos três anos, a visualização de um dia perfeito para si mesmo etc. [...] Dura cerca de vinte minutos".

O motivo que leva celebridades e atletas a aplicarem as seis fases é a percepção instantânea de seus efeitos. Não importa se esses efeitos forem medidos em termos de aplausos do público ou de pontuação, todos os praticantes são testemunhas do mesmo aumento no desempenho.

Você é artista ou atleta de reconhecimento mundial? Talvez não. Mas tem sonhos e ambições sobre o que gostaria de deixar de legado para o mundo? Desconfio que sim.

Ainda que nunca tenha se classificado assim, é possível que você seja uma pessoa empreendedora. Quem sabe não é um agente de transformação aguardando apenas uma oportunidade?

Seu sucesso pode não ser tão evidente quanto o de Bianca. Ao longo de um dia normal, não há um placar ou um árbitro acompanhando cada movimento seu. Nem há uma plateia dançando e assistindo ao vivo à sua apresentação. Mas você vai sentir esse sucesso. Talvez, no início, perceba um aumento gradual nas suas vendas. Talvez você note que começou a funcionar num estado de fluidez completa com mais frequência. Quem sabe, no fim do dia, se impressione com o quanto conseguiu realizar com pouquíssimo esforço – e ainda com energia total. Para muitos empreendedores e CEOs, a Meditação de Seis Fases se tornou a prática diária mais importante em suas vidas.

Guarde minhas palavras: quando terminar este livro, você terá todas as ferramentas necessárias para ter a melhor vida, a mais bem-sucedida e feliz de todos os tempos. E isso ficará nítido para todo mundo ao seu redor.

Por isso estou tão empolgado para apresentar esse protocolo a você.

Mas, afinal, o que é a Meditação de Seis Fases? Bem, em primeiro lugar, não é uma meditação tradicional. Vamos esquecer essa ideia desde já.

Em vez disso, é uma série de roteiros mentais com embasamento científico que se deve operar para transformar sua forma de pensar sobre si e sobre o mundo.

Mas, antes de nos aprofundarmos nas seis fases, quero contar um pouco sobre como fiquei viciado em entender o poder da mente e acabei criando uma das maiores empresas de desenvolvimento pessoal e transformação humana no mundo: a Mindvalley.

Bill Gates, Microsoft e o sofá mofado

Preciso confessar que nunca tive a intenção de ser um instrutor de meditação. Ser "espiritualizado" não fazia parte da minha vida, e eu jamais cogitei a ideia de que, um dia, escreveria best-sellers sobre o potencial humano.

Eu nasci na Malásia e fui criado em uma família hindu enorme, que valorizava a educação mais que tudo. Se você, como eu, tem alguma descendência indiana, já deve conhecer bem as quatro opções profissionais disponíveis: Engenharia, Medicina, Direito ou ser o desgosto da família. Assim mesmo, sem exagero.

Nunca vou me esquecer do olhar do meu avô enquanto passeávamos de carro num domingo à tarde. Foi bem na época em que Bill Gates visitou a Índia e, coincidentemente, o mês em que eu teria que encarar uma das minhas decisões mais importantes até então: que curso escolher na faculdade.

O rosto de Bill Gates estava em todos os lugares, em todos os canais de televisão e jornais. Inspirado pelo barulho do rádio que gritava em nossos ouvidos, meu avô teve um daqueles momentos "eureca", que determinaria todas as minhas escolhas pelos próximos cinco anos.

Ele disse: "Vishen", olhando fundo nos meus olhos, esperançoso, "você tem que ficar rico igual ao Bill Gates! Precisa aprender computação!".

Eu era um adolescente de óculos remendados com fita adesiva, que vinha lutando com questões de autoestima a vida inteira. Não preciso nem dizer o quanto eu queria provar que era capaz. Então, me mudei para os Estados Unidos assim que começou o segundo semestre de 1999 e me matriculei no curso de Engenharia da Computação na Universidade de Michigan, em Ann Harbor. Era uma das cinco melhores faculdades do mundo em Ciências da Computação naquela época. Depois de um período intenso de imersão na cultura universitária americana (para bom entendedor, meia palavra basta, não é?), me formei e comecei a viver meu "felizes para sempre". Consegui o estágio dos sonhos da minha família: um trabalho na Microsoft em Redmond, Washington.

Foi isso mesmo que você leu. Eu trabalhei para o Bill Gates. Mas, como já deve estar imaginando, não durou muito. Na verdade, dei um jeito para que me demitissem. Aconteceu assim.

Apesar de todo o elogio da família e da sensação temporária de realização, em dois meses eu já estava péssimo.

Acordava de manhã cedo e apertava o botão de soneca. De novo. E de novo. E de novo. Embora eu tivesse me tornado "bem-sucedido", minha alma estava implodindo em monotonia. Eu lembro que uma vez Bill Gates convidou todos os recém-contratados para um evento na mansão dele, uma casa deslumbrante com vista para o Lago Washington. Meus colegas de trabalho se reuniam em volta dele e da churrasqueira, enquanto o homem servia hambúrgueres grelhados na hora. Estavam todos ali, radiantes, apertando a mão de seu herói. Eu era o único naquela festa que não conseguia. Sabia que aquele não era meu lugar. Bill era um anfitrião maravilhoso e uma pessoa brilhante. Mas aquele mundo não era para mim.

Então, decidi que pediria demissão, mas o medo de decepcionar minha família era tão grande que eu tinha pesadelos à noite. Não podia simplesmente ir embora. Teria que dar um jeito de parecer que não tinha sido decisão minha. E, assim, tracei um plano para ser demitido.

Fechei a porta da minha sala e fiquei jogando *Age of Empires* o dia inteiro até alguém perceber. Eu sei, vergonhoso. O motivo oficial da minha demissão foi "jogar jogos eletrônicos durante o expediente".

Então, me mudei para o Vale do Silício com brilho nos olhos, ávido por ganhar dinheiro fazendo algo de que eu realmente gostasse. Eu iria virar empresário! Ainda não tinha decidido que tipo de empreendimento seria, mas eu estava repleto de um otimismo irracional. Acreditava, do fundo do coração, que construiria uma carreira de sucesso – eu precisava. O Vale do Silício era, para um engenheiro de computação recém-formado, a mesma coisa que Hollywood para aspirantes a atores e atrizes. Aquele era o lugar ideal.

Mas o momento foi horrível, para resumir. Poucos meses depois de me mudar para o Vale do Silício, a bolha da internet estourou*. Só nessa área, cerca de catorze mil pessoas foram demitidas em abril de 2001, da noite para o dia, no mesmo mês em que eu tentava tirar minha empresa do papel. É, tente vender uma ideia nesse cenário. Golpe baixo no meu ego. Mas pior ainda foi o golpe na minha conta bancária.

Depois de meses tentando lançar a empresa no mercado, nada. Em pouco tempo, o dinheiro acabou, e eu mal conseguia pagar o aluguel.

---

* Crise financeira causada pela forte alta das ações de empresas de tecnologia da informação e comunicação (TIC) dos Estados Unidos, ocorrida entre 1994 e 2000. (N. T.)

Para reduzir as despesas, fui embora do Vale e me mudei para a cidade universitária de Berkeley, na Califórnia. Eu tinha menos de US$ 2 mil na conta e nenhuma perspectiva de trabalho pela frente.

Felizmente, encontrei uma opção de moradia dentro do meu orçamento: um sofá de dois lugares em uma república. Pois é, eu não tinha dinheiro nem para um quarto completo. Mas conheci um estudante em um bar, graças a amigos em comum, e ele me ofereceu o sofá por US$ 200 ao mês.

"Você já teve muitos... inquilinos no sofá?", perguntei, tenso, enquanto deixava minhas malas no chão e me sentava, hesitante, sem nem saber se o móvel aguentaria meu peso. Era um sofá bem surrado, para ser gentil.

"Ah, sim, cara. Não para quieto. Senão, como eu ia pagar a mensalidade da faculdade?" Ele riu.

Retribuí com um sorriso amarelo. A mala que eu carregava era a minha vida. Tudo que eu tinha no mundo estava lá. Minhas dívidas giravam em torno de US$ 30 mil, eu tinha torrado o capital inicial que havia conseguido levantar graças ao meu *pai-trocínio*, e as coisas andavam de mal a pior. Mesmo com um diploma em Engenharia da Computação e uma determinação inabalável, não demorou muito para eu perceber que não viraria empresário de um dia para o outro e que aquele sofá com estampa floral não iria se pagar sozinho. Eu precisava de dinheiro. E rápido.

Precisei abandonar meus sonhos de empreendedorismo e conseguir um emprego. Só que ninguém queria me contratar. Com o estouro da bolha da internet, os empregos estavam mais raros que nunca.

Todo dia, eu acordava com o pescoço travado e mandava tantos currículos que perdia a conta, na expectativa já desesperada de que alguém me contratasse em algum momento. Minha vida estava um caos, e eu não estava chegando a lugar algum.

Finalmente, depois de oito meses sofridos de rejeição, que jogaram minha autoestima no lixo, minha sorte mudou.

Graças a um conhecido, recebi a oportunidade de participar de uma entrevista em uma startup pequena, que vendia softwares de gestão de casos para escritórios de advocacia. Só que a economia ainda estava se recuperando, e a maioria das empresas pagava abaixo do piso salarial. Parei para ler a oferta que havia recebido por e-mail.

Meu Deus.

Eu teria que fazer ligações frias. Televendas era meu pior pesadelo. Tinha me formado na renomada Faculdade de Engenharia Elétrica e Ciências da Computação na Universidade de Michigan, pelo amor de Deus.

E me tornaria uma *daquelas* pessoas. Mas qual era a alternativa? Se eu demorasse demais para responder, algum outro aspirante a uma história de sucesso pegaria meu lugar naquele sofá manchado, e eu teria que voltar para a Malásia com o rabo entre as pernas.

Então, aceitei o emprego.

Minha maior responsabilidade era discar os números de telefone de centenas de advogados dos Estados Unidos e tentar convencê-los a comprar nosso software para gerenciar seus escritórios. Todos os dias, pela manhã, eu recebia uma área – por exemplo, San Antonio, Texas. Depois de engolir um cereal barato, caminhava até a Biblioteca Pública de São Francisco. Com dor nas costas depois de outra noite em claro no meu sofá querido e mofado, eu me acomodava na cadeira para uma jornada longa com as páginas amarelas da região designada. Pegava um bloco e uma caneta, anotava os nomes de todos os advogados naquela área, de A a Z, e aí começava a ligar. Para todos eles, um atrás do outro.

Esse era eu, um garoto malaio chamado Vishen Lakhiani interrompendo advogados impassíveis no meio de seus dias atribulados para vender um software. Dá para imaginar como eu me saí na tarefa.

Minha rotina se resumia a telefones batidos na minha cara, gritos e xingamentos. Mas não podemos nos esquecer de que advogados costumam ser muito bem articulados também. Alguns deles não se contentavam em apenas me mandar à m&*$@. Não, não. Muitos eram incrivelmente poéticos e criativos nesse quesito. Suas palavras incluíam todo tipo de técnicas fascinantes de tortura medieval com uso de objetos inanimados, como cabos de vassoura e pés de cadeiras. Aqueles monólogos atormentavam meu sono.

Esbarrando na lição mais importante da minha vida

Eu estava fracassando e tinha consciência disso. De alguma forma, havia acabado em outro trabalho que eu odiava, só que para ganhar muito menos que no anterior. O Sonho Americano tinha me mastigado e cuspido como um chiclete, de novo.

Por isso, fiz o que qualquer pessoa faria numa situação deplorável como essa. Larguei meu macarrão instantâneo e abri o Google: a mais badalada e mágica ferramenta de busca na época. Ainda estávamos deslumbrados com sua capacidade de responder a qualquer coisa que jogássemos lá.

Por que minha vida é uma droga?

Importante e também um tanto pessimista. Quem procura acha. O Google me deu um bando de razões possíveis para minha vida ser uma droga. Continuei digitando.

Por que odeio meu emprego?

De novo, o Google me contou vários motivos pelos quais as pessoas odeiam seus trabalhos. Foi bastante deprimente.

Apenas 15%[2] de um bilhão de trabalhadores formais no mundo se sentem motivados no trabalho. Nos EUA, é um pouco melhor: cerca de 30% se sentem engajados, mas isso ainda significa que aproximadamente 70% dos trabalhadores americanos, não.

Nossa! Bem, pelo menos eu não era o único. Continuei lendo os resultados.

Muito era mais do mesmo: "a vida é difícil, o trabalho dificulta mais ainda" e por aí vai.

Até que vi uma coisa. Algo que acendeu uma fagulha de esperança de que poderia haver uma saída.

Seminário de Meditação para Desempenho Profissional, Los Angeles

Tá bom...
Cliquei.
As promessas eram ambiciosas. Eles afirmavam que as pessoas que participavam dessa aula vendiam mais e melhor, tinham uma relação melhor com o trabalho e evoluíam drasticamente em suas carreiras. *A meditação poderia mesmo me ajudar a acelerar minhas taxas de fechamento de vendas?* Fiquei curioso. Àquela altura do campeonato, eu não tinha mais nada a perder mesmo, e a única coisa que sentiria minha falta era o sofá surrado em que eu me contorcia todas as noites.

Decidi tentar a sorte e fui. Afinal, se eu não gostasse, era só sair de fininho e voltar para casa.

Depois de pegar um avião, gastar o pouco dinheiro que eu tinha em uma pousada, tomar um café mixuruca e chegar à aula de meditação... vi um dos meus piores pesadelos se tornar realidade.

Não tinha ninguém.

Eu era o único aluno na sala.

A instrutora deu de ombros e pediu que eu me sentasse.

Já prevendo o pior cenário, imaginando que ela acenderia incensos, me cercaria de cristais e me obrigaria a entoar algum mantra New Age, eu estava apreensivo.

Mas não foi tão ruim quanto eu achei que seria. Acabou que aquela técnica de meditação era relativamente nova em comparação a práticas seculares. Além do mais, fora criada por um especialista em meditação do Texas. O nome dele era José Silva, que adequadamente chamava o seminário de "Silva Ultramind". O presente científico-espiritual que ele deu para o mundo ficou muito famoso nos anos 1970 e 1980, e agora eu iria aprender tudo em uma aula particular.

A Amanda (nome fictício) seria minha guia. Ela trabalhava com vendas no setor farmacêutico, e digamos que dava para sentir o cheiro de riqueza a quilômetros de distância. Com uma roupa bem pensada, moderna e combinando com os óculos de grife em seu rosto, ela quebrou o estereótipo da meditação de cara. Logo pensei que eu não precisaria sair de fininho, afinal.

Ela me passou todo o sistema Silva Ultramind em um único workshop. Em um dia, eu já tinha bastante informação sobre como acessar estados alterados da mente por meio da meditação.

Descobri que o legado de José Silva (ele morreu em 1999) foi o de ensinar técnicas de programação mental para o mundo, as quais romperam com os moldes da meditação tradicional e passiva. Não tinha nada a ver com esvaziar a mente e esquecer os problemas. Na verdade, tinha a ver com transformar problemas em projetos; aprender roteiros mentais específicos para programar seu cérebro, da mesma forma que programamos computadores; esquecer velhos hábitos ruins, acelerar processos de cura e até mesmo manifestar sonhos. Silva chamava essa abordagem de meditação "ativa" para diferenciá-la de abordagens "passivas" mais tradicionais.

Saí daquele seminário sentindo uma paz que nunca tinha experimentado. Eu não fazia ideia de que a meditação poderia ser tão útil. Nem que o interesse geral em estudos científicos pelo desempenho melhorado por meio da meditação estivesse a ponto de crescer exponencialmente.

Assim, voltei para São Francisco e dei início à minha própria prática meditativa. Meditei todos os dias a partir daquele momento (de forma bastante obsessiva, confesso), usando todas as técnicas que Amanda me ensinara. Se aquilo não funcionasse, eu não sabia de onde tiraria dinheiro para pagar o aluguel do mês seguinte, então me joguei de cabeça.

Eu me sentava toda manhã e visualizava que minhas vendas dobrariam. Sentia a mesma empolgação que sentiria se fosse verdade e comemorava atingir as metas como se já fosse certo que as atingiria. Respirava fundo e me conectava com o relacionamento recém-descoberto entre mim e minha intuição. Comecei a ouvir meu instinto com calma para que pudesse aplicá-lo no trabalho.

Uma das mudanças radicais que fiz foi parar de ligar para os advogados na ordem em que apareciam nas páginas amarelas. Passei a relaxar, entrar em estado meditativo, ativar minha intuição e passar o dedo pelas listas: eu pararia quando chegasse a um nome que "parecesse" certo. Em uma semana, minha taxa de vendas tinha dobrado.

A meditação me ajudou demais com o nível de estresse também, então eu já começava com tudo. Usei meus recém-descobertos níveis de energia e empatia para me conectar *do jeito certo* com quem quer que atendesse ao telefone, o que mudou por completo minha sintonia com os clientes. Adivinhe o que aconteceu?

Minhas vendas duplicaram de novo, em duas semanas.

Não parou por aí, não. Eu ainda incluí a visualização criativa usando uma técnica chamada "projeção mental" (vamos ver melhor no capítulo 4).

Um mês depois, minhas vendas dobraram outra vez.

Acabei sendo promovido três vezes nos quatro meses seguintes. Virei vice-presidente de vendas. Mas ainda não era o bastante para mim. Pedi ao dono da empresa que me deixasse gerir a área de desenvolvimento de negócios, que ainda nem existia.

Eu era tão bom no meu trabalho que o homem me deixou acumular as duas funções. Vishen Lakhiani, vinte e seis anos de idade, VP de vendas e gerente de desenvolvimento de negócios.

A cabeça do meu chefe estava exatamente como a sua está agora.

"Como é que você está dando conta, Vishen?", me perguntou, com a teste enrugada e os braços cruzados.

Meditação e intuição, eu disse. Silêncio constrangedor.

"Isso é baboseira, mas... pode continuar fazendo assim?"

O efeito colateral inconveniente de meditar

Continuei na empresa por mais um ano e meio, aperfeiçoando minha habilidade meditativa e convertendo quantidades absurdas de vendas. Mas, nesse meio-tempo, alguma coisa mudou.

Eu.

Sabe, algo um tanto inconveniente acontece quando você começa a meditar.

Você começa a se tornar uma pessoa melhor.

Sua vida passa a ser mais do que questionamentos sobre como ficar rico e impressionar seus pais. Quando você medita regularmente, o foco deixa de ser seu próprio ego e passa para algo mais significativo. O efeito colateral mais comum da meditação, embora inesperado, é começar a se importar muito mais com a humanidade do que achava possível.

Depois de alguns anos naquela empresa de software, me senti um pouco enganado... do ponto de vista espiritual.

Eu era "bem-sucedido", mas logo ficou claro, de novo, que faltava um valor verdadeiro no meu trabalho. A vida não podia se resumir a isso. A quem eu estava ajudando? Qual seria meu legado? Pode me chamar de hippie, de New Age, de maluco... mas escolhi pedir demissão do meu trabalho muito bem remunerado (novamente). Só que, dessa vez, eu iria fazer algo de bom para a humanidade.

Se a meditação havia me levado aonde eu estava, talvez eu pudesse contar com ela para me levar ao lugar aonde eu deveria chegar.

E lá estava eu, um mês depois, no computador, pensando na minha próxima mudança radical de carreira. Esbarrei em um bloqueio dos mais importantes: uma crise existencial. Naturalmente, fiz o que qualquer pessoa faria no meu lugar.

Pesquisei no Google:

O que posso fazer para mudar o mundo?

Logo de cara, encontrei esta citação:

Se quiser mudar o mundo, comece pela educação.
– Nelson Mandela

Nossa! Essa foi rápida. Obrigado, Nelson.

Mas o que eu tinha para ensinar? Sejamos sinceros: oficinas sobre engenharia da computação não levariam a humanidade a um estado de felicidade eterna. Além disso, teria que ser uma coisa que eu amasse. E algo que não existisse no sistema educacional.

Foi aí que me deu o estalo.

Meu cérebro me levou de volta àquele dia em Los Angeles, sozinho na sala do seminário de meditação. Aquela aula havia transformado o que eu era em *um dia*, literalmente. Por que aquele assunto nunca tinha sido abordado durante minha graduação na Universidade de Michigan, que custava US$ 29 mil por ano? Por que eu tinha sido o único a aparecer na aula? Onde estavam os estudos sobre meditação, intuição e crescimento pessoal no sistema educacional?

E o resto vocês já sabem.

Para resumir, eu me tornei instrutor de meditação certificado pelo Sistema Silva Ultramind e dei aulas em Londres e Nova York por cinco anos.

Muitos anos depois, criei minha empresa, a Mindvalley. E tenho orgulho em dizer que, na Mindvalley, conseguimos levar a meditação para milhões de pessoas. Hoje, a Mindvalley é uma das maiores empresas voltadas para o aprendizado de uma vida plena no mundo. Trabalhamos com tudo de que seres humanos precisam para conquistar uma vida mais completa – mente, corpo, espírito, empreendedorismo, desempenho, habilidades de relacionamento –, e a meditação atravessa tudo isso. Fomos eleitos um dos melhores lugares para se trabalhar no planeta, porque colocamos em prática o que ensinamos. E, enquanto escrevo este livro, a Mindvalley se tornou uma das empresas de desenvolvimento pessoal mais valiosas do mundo, com mais de vinte milhões de fãs pela Terra e uma receita próxima dos US$ 100 milhões.

Algumas pessoas me consideram sortudo, e pode ser verdade. Tive a sorte de conhecer as pessoas certas, na hora certa, e consegui construir minha carreira em torno de algo que sentia que poderia mudar o mundo para melhor. Mas não foi por acaso. E agradeço à meditação por me ajudar a alcançar esses objetivos.

Existem centenas de tipos de meditação, é claro. Mas você aprenderá neste livro a praticar uma supermeditação condensada, hipereficiente, capaz de fazer mágica, criar alegria, induzir a felicidade e superar metas: o Método das Seis Fases.

Montei essa sequência com base em tudo o que aprendi sobre meditação em mais de vinte anos. Ela é pautada por uma quantidade enorme de pesquisas e estudos. Só consegui fazer isso porque tenho uma vantagem especial. Graças à Mindvalley, entrevistei e pude conhecer mais de mil líderes em performance, espiritualidade e *mindset*.

Assim, aprimorei milhares de anos de sabedoria psicoespiritual – tanto a antiga quanto a vanguardista –, escolhi a dedo as melhores partes, traduzi tudo e organizei em uma ordem lógica.

Acabei *hackeando* a meditação. Transformei milhares de anos de enrolação e pesquisa científica e espiritual excessivamente complexa em uma única prática fácil e adequada aos dias de hoje, com duração de quinze a vinte minutos: a Meditação de Seis Fases.

INTRODUÇÃO

Gostaria de começar esta introdução com uma frase que provavelmente vai soar confusa.

Eu não sou muito fã de meditação.

Antes de jogar o livro fora e me acusar de ser um hipócrita antibudismo, me dê uma chance para explicar. Embora eu ensine *meditação* para milhões de pessoas, não acho que essa palavra seja a mais adequada para descrever o que faço.

Por isso, mesmo que eu tenha batizado essa sequência de Meditação de Seis Fases e mesmo que você leia essa palavra milhares de vezes ao longo do livro, é só pela falta de um termo mais abrangente, que abarque melhor o processo; ou, pelo menos, de um que todo mundo consiga compreender e/ou sentir. E sejamos sinceros: eu quero que as pessoas interessadas em encontrar a paz interior e ter uma vida melhor comprem meu livro. Mas, até onde eu sei, a maioria costuma pesquisar "como praticar meditação", e não "como adotar técnicas multifacetadas de treinamento mental e psicoespiritual transcendental".

Bem... O que eu posso fazer?

"Meditação" é uma forma mais sucinta de dizer isso, mas é genérica demais, além de estigmatizada. É como "atividade física", um termo amplo para cardio, musculação, aeróbico, ioga, natação, caminhada, trampolim acrobático e até mesmo pole dancing. "Meditação" é um termo abrangente para uma infinidade de processos mentais. Há muitas diferenças, ainda que sutis.

Assim como muitos não gostam da expressão "atividade física", por remeter a lycra, suor e assaduras nas coxas, um monte de gente se sente desmotivada de imediato ao ouvir a palavra "meditação". Mas atividade física não se resume a zumba, e meditação vai muito além de mantras e incensos.

Além disso, praticantes de atividades físicas não precisam vestir P, e praticantes de meditação não precisam ser hippies New Age com terço tibetano no pescoço, que olham para você como se tentassem penetrar a sua alma. (Não que eu tenha alguma coisa contra isso, não me entenda mal.)

Ainda na analogia com atividade física, não há dúvidas de que praticar zumba faz bem para a saúde, mas, se quiser ganhar massa muscular nos braços, talvez não seja a escolha ideal. É melhor fazer musculação. Da mesma forma, se tiver interesse, por exemplo, em meditar para um aumento rápido no seu nível de serotonina (o famoso hormônio da felicidade), dificilmente alcançará esse objetivo apenas esvaziando sua mente. É melhor procurar uma meditação de gratidão. Quer se sentir repleto de amor e compaixão? Nada como um pouquinho de meditação da bondade amorosa. Seu objetivo é bater metas de vendas? Tente a visualização criativa. Deu para entender. Tipos de meditação diferentes entre si ajudam a alcançar objetivos diversos.

É preciso saber escolher bem o estilo de meditação. Tudo depende de onde você está e aonde quer chegar. Foi pensando nisso que eu criei as seis fases: selecionei pessoalmente as melhores práticas meditativas que se ajustem ao máximo à sua vivência diária.

Meditação: ontem e hoje

Um dos principais erros cometidos por quem tenta meditar pela primeira vez é se jogar de cara em uma técnica antiga e muito específica, sem nenhum treinamento prévio.

Essas pessoas acabam se sentindo frustradas. Procuram "meditação guiada" no YouTube para ajudar a acalmar a ansiedade e escolhem um resultado aleatório. Assim que começa, se assustam ao ouvir uma voz estranha sussurrando: "Relaxe".

Aquela cena meio cafona na tela e o som repetitivo de flautas irritantes as distraem. Tentam esvaziar a mente, mas acabam planejando o que vão fazer para o jantar. Quando os quinze minutos acabam, estão mais estressadas do que quando começaram. Por quê? Porque acham que estão fazendo alguma coisa errada e que suas mentes não conseguem ficar em silêncio. Assim, concluem que meditar não é para elas e não voltam nunca mais.

Mas, também, por que voltariam? Se você saísse com alguém que conheceu no Tinder e matasse você de tédio, fosse totalmente diferente das fotos e passasse o tempo todo mandando indiretas sobre sua falta de jeito para paquerar, por que iria querer marcar um segundo encontro?

Com a meditação também é assim. Alguém diz que vai fazer com que se sinta melhor, mas o tiro acaba saindo pela culatra. Bem, dane-se o encontro do Tinder! E também a porcaria da meditação!

Sei porque já passei por isso. Acredite em mim quando digo que esvaziar a mente e focar a respiração, sentado em posição de lótus, não são pré-requisitos para absorver os benefícios reais da meditação.

Para entendermos de verdade o que deu errado na importação de uma prática ancestral asiática para o Ocidente, talvez valha a pena explorar sua origem.

A meditação é antiga. Surgiu na Índia há milhares de anos. E era muito apreciada. As pessoas lá se dedicaram tanto a ela que não demorou muito para que a prática fosse adotada em países vizinhos. Rapidamente, se espalhou e virou parte de muitas religiões conhecidas pelo mundo, incluindo o hinduísmo e o budismo. Era praticada como forma de alcançar uma paz de espírito e se conectar com uma verdade superior. Usavam para se desligar do *samsāra*, como também é chamado o mundo físico, e se conectar com sua verdadeira essência. Usavam para encontrar a *iluminação*.

Mas a forma como as pessoas meditavam na Índia, três mil anos atrás, era muito diferente da forma como a maioria de nós precisa meditar hoje.

Hoje, não podemos nos dar ao luxo de fugir para o meio do mato sem planejamento prévio, encontrar uma cabaninha aconchegante e ficar lá por seis meses quando a vida se tornar muito difícil. Hoje, não podemos confiar que nossa comunidade vá alimentar nossos filhos enquanto viajamos para entoar *om shanti* na floresta. Hoje, não podemos colar um cartaz na entrada da nossa choupana com o aviso: "Estou meditando por ali, nas montanhas; não sei quando volto!".

Não podemos simplesmente ir embora. Não se queremos manter relacionamentos saudáveis (sem falar na conta corrente saudável). A vida mudou.

Isso não quer dizer que não vamos colher os mesmos benefícios que a meditação trazia há alguns milhares de anos. Pelo contrário: precisamos deles mais do que nunca. Desde 2012[3], a quantidade de pessoas que praticam meditação triplicou, o que é bastante compreensível e positivo.

Mas acho que entendemos tudo errado.

Estamos trocando os pés pelas mãos, porque tentamos replicar aquelas práticas monásticas em meio ao caos da vida moderna e, depois, nos martirizamos ao fracassar. Assim, nos sentimos peixes fora d'água.

Lembra que eu comecei este capítulo dizendo que não sou grande fã de *meditação*? É por isso. Porque, quando o ser humano moderno ouve essa palavra, pensa logo em práticas monásticas. E isso pode arruinar todo o processo logo de cara.

Prefiro usar a expressão *prática transcendental*. Basicamente, uma prática transcendental é qualquer prática que tire você do mundo físico externo e te obrigue a olhar para dentro. Quando digo "dentro", quero dizer se desprender do mundo físico e voltar toda a sua atenção para a mente e para a alma. E isso é fundamental, já que vivemos em um mundo que tenta impedir você de fazer isso o tempo todo.

Por quê? Porque não se pode lucrar em cima de alguém que já tem tudo de que precisa dentro de si, não é mesmo?

O que é a Meditação de Seis Fases?

A Meditação de Seis Fases é uma prática transcendental, que dura de quinze a vinte minutos, criada por mim e que visa a produzir estados de elevação máxima nos praticantes.

A Meditação de Seis Fases combina seis das mais poderosas práticas de promoção de saúde mental em uma só abordagem para seres humanos modernos.

Convido você a fazer o download do aplicativo Mindvalley para te ajudar na jornada. O acesso ao curso é gratuito na compra deste livro. Após concluir a leitura de cada capítulo, você pode mergulhar diretamente no áudio da fase que acabou de aprender. Em todos os áudios, vou guiar você com calma pelas seis fases. O livro e os áudios juntos vão amarrar sua prática de meditação.

O que eu mais amo na Meditação de Seis Fases é que toda e qualquer pessoa pode usar com muita facilidade. É simples e não requer nenhuma habilidade especial. Da mesma forma que, ao aprender uma arte marcial, treinar um golpe dez mil vezes ajuda a executá-lo com perfeição, as Seis Fases mostram como você pode ajustar cada prática para alcançar a perfeição, desde que persista e se dedique ao aprofundamento.

Vamos adentrar em mais detalhes de cada fase daqui a pouco, mas, por ora, veja sobre o que falaremos em cada seção:

FASE 1: O círculo de amor e compaixão
FASE 2: Felicidade e gratidão
FASE 3: A paz pelo perdão
FASE 4: Uma visão para o seu futuro
FASE 5: Dominando o seu dia
FASE 6: A bênção

Embora a Fase 6 seja basicamente uma "meditação" (mesmo que, como você sabe, eu não goste muito dessa palavra), é bastante fundamentada na ciência e nos meus estudos. Você recebe todos os benefícios da meditação sem a confusão, o estresse e as regras antiquadas que a acompanham.

É um compilado de tudo o que aprendi entrevistando mais de mil líderes na área de potencial humano e *mindset* ao longo de duas décadas. É a melhor prática disponível hoje – a mais fácil –, e a maioria das pessoas que começam ama de coração.

Sei disso porque testei em milhões de pessoas. Existe uma explicação para atletas de todos os maiores times dos Estados Unidos, da NBA à NFL, praticarem a Meditação de Seis Fases. Existe uma razão para estrelas do rock, empresários, atores de Hollywood e as pessoas mais bem-sucedidas do mundo se sentarem todos os dias de manhã e se esforçarem para incluí-la em suas rotinas. Como verá quando começar a experimentar, as Seis Fases não se resumem a uma centralidade espiritual (embora, é claro, ela também seja alcançada): tem a ver com performance também.

Ela impacta diretamente a forma como você se mostra para o mundo, para que possa fazer dele um lugar melhor.

Então, coloque seu pijama para jogo e venha comigo. Não é preciso ter experiência prévia, fazer voto de castidade ou usar terço tibetano, mantras e incensos.

Para aqueles que já praticam meditação

Quero parar um minuto para saudar os já praticantes por aí. Aqueles que estudaram meditação tradicional por anos, pediram empréstimos para ir se encontrar em um *ashram* na Índia e provavelmente estão um pouco irritados comigo agora.

Por favor, não fiquem.

Toda meditação que você já praticou foi benéfica, e não quero diminuir isso, nem um pouco. Só trago uma abordagem ligeiramente diferente e modernizada ao conceito como um todo. Quero que saiba que você também está no lugar certo. A minha intenção é levar as Seis Fases para bilhões de pessoas, e, para isso, tenho que tornar a linguagem e as técnicas acessíveis para todo mundo. Ninguém fica de fora.

Não devemos confundir complexidade com efetividade. É isso o que as Seis Fases são: efetivas. É algo otimizado. É uma prática mental poderosa. E você não precisa ter certas habilidades meditativas para conseguir colher os incontáveis resultados. Você não precisa se refugiar numa floresta para participar de um retiro de dez dias de meditação para encontrar a paz (mas se essa for a sua praia, não faz mal continuar desfrutando dessas pausas. Eu mesmo gosto de um retiro de vez em quando). Não precisa se torturar na posição de lótus, contorcendo os joelhos, durante uma hora. Só precisa de quinze a vinte minutos por dia e um cantinho confortável.

Quando falamos em meditação, a regra do "quanto mais, melhor" é um mito. Com o treinamento mental certo, é possível colher os mesmos (sim, eu disse *os mesmos*) benefícios em uma fração do tempo.

O modelo de dose mínima eficaz de meditação e atividade física

A Meditação de Seis Fases é meio parecida com o Treino Tabata. Já ouviu falar?

Cientistas japoneses apresentaram o Tabata para o mundo no começo de 2010, e ratos de academia nunca mais olharam para os treinos da mesma forma. O princípio por trás dele é: quatro minutos de treino intenso podem trazer os mesmos benefícios que uma hora de malhação mais leve.

Tudo se resume à dose mínima eficaz para o resultado máximo.

Por que passar uma hora do seu dia caótico em uma aula na academia, se quatro minutos em casa vão secar a barriga do mesmo jeito? Da mesma forma, para que passar dez dias em um retiro de meditação (e gastar todo o seu salário), se pode acessar a Meditação de Seis Fases de graça e alcançar o mesmo bem-estar?

Entendendo as Seis Fases com um jogo de computador dos anos 1980

A maioria de nós já jogou algum jogo de computador, não é? Eu cresci nos anos 1980, e esses jogos eram tudo para mim. Um dos melhores era o *Rings of Zilfin*.

Eu pegava o disquete, todos os dias depois da escola, e me transformava num pequeno personagem chamado Reis, que pulava para cima e para baixo, bem animado na telinha do meu computador pré-histórico. Eu tinha uma missão muito importante pela frente.

Sabe, há muito tempo, os Zilfins (uma galera incrível, meio bruxa) construíram um reino encantado de paz e abundância na terra de Batiniq. Eles fizeram dois anéis de grande poder que, se usados juntos, davam a invencibilidade a quem os usasse. Infelizmente, o maligno Lord Dragos tinha encontrado um desses anéis e, graças ao seu conhecimento impressionante em magia obscura, conseguira acessar níveis de poder absurdos para devastar Batiniq. Se ele encontrasse o segundo anel, seria o fim do Universo. Quem era o menino franzino que poderia impedir Lord Dragos de dominar o mundo? Eu.

Meu personagem, Reis, era um garoto que tinha recebido a missão de embarcar numa nobre jornada para encontrar os Zilfins (e o segundo e perigoso anel). Somente então ele poderia usar suas habilidades mágicas para matar Lord Dragos de uma vez por todas.

No papel do modesto Reis, eu tinha que viajar pela terra fictícia em um computador esquisito dos anos 1980 e capturar várias habilidades mágicas diferentes pelo caminho. Sejamos sinceros: não dava para encarar o terrível Lord Dragos e salvar o mundo sem algum tipo de poder especial. Então eu jogava e ia melhorando diversos aspectos do personagem para me preparar.

Reis precisava de mais velocidade, mais carisma, mais armas, maior estoque de ouro e melhores feitiços para ter um mínimo de chance.

Para mim, um garoto de doze anos, o jogo era sensacional... Até que acabei ficando entediado.

Eu era uma criança impaciente e só queria salvar Batiniq logo, pegar um milkshake de chocolate e partir para a próxima. Então, hackeei o jogo. Minha miniversão nerd decidiu usar o tempo livre para o autoaprendizado de programação de computadores, desvendando quais variáveis no código eram hackeáveis a fim de conseguir habilidades especiais ilimitadas para Reis.

Acabei aumentando exponencialmente a resistência do meu personagem. Tripliquei a quantidade de ouro que tinha na sacola, só de brincadeira. Quadrupliquei minha força. Ajustei a precisão do arco e flecha até ficar perfeito. Nem preciso dizer que aproveitei para aumentar meu carisma em 30%, caso alguma bela moça virtual cruzasse meu caminho.

Assim, passei tranquilamente pelos níveis, matei Lord Dragos, terminei o jogo e pude tomar meu milkshake de chocolate em paz.

Já mais velho, me deu um estalo. Será que o jogo *Rings of Zilfin* poderia ser uma boa analogia para o meu crescimento pessoal?

O que aconteceu com Reis acontece com todos nós no mundo real. Da mesma forma que ele precisava de velocidade, feitiços, ouro e armas inovadoras para otimizar a si mesmo e vencer a missão, percebi que nós precisamos fazer a mesma coisa se quisermos ter uma chance de prosperar.

É claro que precisamos de habilidades *diferentes* para vencer na vida moderna (pode ir soltando o machado).

Quantas?

Acertou. Seis.

Precisamos dos seis elementos da Meditação de Seis Fases para ganhar o prêmio máximo de uma vida plena. Assim, quando chegarmos ao fim do nosso próprio jogo da vida humana, chegaremos sentindo que nossa missão foi concluída com sucesso.

Em 2012, eu criei um quadro simples, chamei de Meditação de Seis Fases e comecei a usá-lo todos os dias para passar de nível. Meus amigos me pediram para compartilhar com eles, então coloquei no YouTube sem nenhuma pretensão.

E a coisa explodiu.

Uma introdução às Seis Fases

Como você pode ver, a Meditação de Seis Fases é outro exemplo das minhas proezas hackeadoras, mas dessa vez tem menos a ver com matar Lord Dragos e mais com tirar os obstáculos do caminho entre você e sua melhor vida.

Com essas seis qualidades, nos tornamos as versões mais extraordinárias de nós no momento presente. Elas também nos fornecem as ferramentas necessárias para um futuro maravilhoso. E sem Lord Dragos, ou seja, sem a voz pessimista, estressada e de mente pequena nos desencorajando, *nada pode nos deter*.

Assim como Reis coletou seus superpoderes, veja aqui aqueles que você coletará ao longo do percurso durante a Meditação de Seis Fases:

FASE 1: O círculo de amor e compaixão

Conseguimos alcançá-lo com um protocolo para ativar amor e conexão profundos. Essa é uma ferramenta extremamente poderosa. Não só elevará sua conexão com você, como também melhorará seus relacionamentos com o outro e com o mundo. Esse protocolo transformará você em uma pessoa mais gentil e melhor. Todos os seres humanos precisam de amor e compaixão (mesmo que neguem). Por isso, a categoria *compaixão* ganha lugar de destaque na primeira fase oficial.

FASE 2: Felicidade e gratidão

Essa aqui elevará seu padrão de felicidade a cada prática que fizer. E o segredo para a felicidade é a gratidão. A gratidão é o maior remédio para a "mentalidade da escassez" e é mais importante do que todos os outros treinos mentais. Ela dá um gás na energia[4], reduz a ansiedade, melhora o sono e, segundo alguns estudos, é a característica humana mais associada com sensações de bem-estar.

É fundamental ter objetivos para o futuro, mas é igualmente vital parar para apreciar o que você já realizou até o momento.

FASE 3: A paz pelo perdão

Isso removerá um peso enorme das suas costas e permitirá que você siga sendo uma pessoa mais forte, melhor e mais resiliente. Estar em paz com o mundo e com as pessoas ao seu redor é uma das formas mais eficientes de manter a *feliciplina* (a disciplina de proteger sua felicidade), além de transformar você em alguém *impassível* (vamos ver mais sobre essa ideia no capítulo 3).

O perdão é um superpoder. Além disso, pesquisas indicam[5] que o perdão pode acarretar benefícios profundos e inesperados para a saúde, incluindo menos dores nas costas, melhor desempenho atlético, melhor saúde do coração e mais sentimentos de paz interior.

FASE 4: Uma visão para seu futuro

É extremamente energizante ter uma visão que te impulsiona, uma imagem de como você quer que sua vida se desenvolva. Essa fase permitirá que você apare as arestas do seu planejamento, a fim de alcançar objetivos a longo prazo, e perceba o panorama da vida que realmente quer viver (e ainda vai ajudar você a atraí-la também).

Nessa fase, você aprenderá a aplicar a visualização para esculpir uma visão emocional e detalhada do seu futuro e transformá-la em realidade.

FASE 5: Dominando o seu dia

Isso trará uma sensação de domínio sobre o dia pela frente e ajudará a alcançar tudo a que você se propuser. Também transformará seus sonhos para o futuro em ações possíveis de serem implementadas de imediato.

Quando você visualiza o dia perfeito, está aperfeiçoando o sistema de ativação reticular (SAR) do seu cérebro para identificar o que há de positivo pela frente, em vez do que poderia dar errado. Mas essa prática também guarda um ideal espiritual poderoso, que resulta em manifestação mais rápida, mais sorte e mais sincronia na vida cotidiana. Mais sobre isso no capítulo 5.

FASE 6: A bênção

Conquistamos a bênção nos conectando com um poder superior. Isso expandirá nossos sentimentos mais profundos de pertencer a um Universo benevolente, cientes de que não estamos sozinhos e de que a própria vida apoia nossos objetivos.

Você pode colher os benefícios dessa última fase independentemente de ser uma pessoa espiritualizada. Se acredita em um poder superior, pode pedir e receber uma bênção, um lindo final para concluir a meditação. Se não acredita em um poder superior, pode imaginar que está convocando sua força interior. É fácil assim. Leva trinta segundos. É a cereja do bolo de uma experiência incrível.

A arte de dobrar a realidade: como seu presente e seu futuro se fundem

A Meditação de Seis Fases não foi estruturada aleatoriamente, como já mencionei.

Alguns de vocês já devem ter percebido, mas, se observarem as seis seções anteriores, vão perceber que as três primeiras fases focam o passado e o presente, enquanto as três últimas focam o futuro.

As três primeiras fases criam o que eu chamo de Pilar da Felicidade. Nada como praticar compaixão, gratidão e perdão para possibilitar a alegria no presente, além de libertar você das amarras do passado.

São essas práticas que ajudam você a encontrar a paz interior e permitem que se sintonize com uma sensação profunda de completude. Elas ajudam você a se libertar da negatividade e de tudo que o prende a seus preconceitos.

E aí vem o segundo pilar. Você precisa dos dois pilares bem firmes, sem exceções, para viver uma experiência humana ideal.

As fases 4, 5 e 6 criam o que costumo chamar de Pilar da Visão. Esse pilar é composto de seu conhecimento intuitivo mais profundo sobre aonde você quer que sua vida vá.

Tem a ver com quem você quer se tornar, como quer se sentir, o que quer conquistar, quais experiências quer desfrutar e com o que quer contribuir. O que você quer deixar de legado quando não estiver mais no mundo.

Juntas, as seis fases ficam assim:

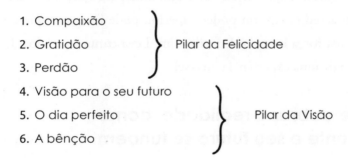

Existe um poema que eu amo e mostra como esses dois pilares funcionam juntos em uma vida bem vivida.

Há quase um século, em seu aniversário de 86 anos, John D. Rockefeller Sr. escreveu um poema que reflete como a vida é quando se domina essa noção de satisfação no momento presente e trabalha em função dos objetivos futuros:

Aprendi desde cedo a trabalhar e aproveitar;
Minha vida sempre foi um grande festejar

*Cheia de trabalho, muito o que celebrar
Minhas preocupações ficaram pelo ar
E Deus me acompanhou em todo meu caminhar*
– John D. Rockefeller Sr.

Parece perfeito, não é? Quando você consegue acertar o equilíbrio entre o Pilar da Felicidade e o Pilar da Visão, esbarra no segredo da vida: o segredo que fez de Rockefeller um dos homens mais ricos da história. E eu digo "rico" em todos os sentidos possíveis.

O problema é que pouquíssimas pessoas têm esses dois pilares totalmente sólidos e acabam caindo em armadilhas muito difíceis de superar.

A espiral negativa, a armadilha da realidade atual e o canto da ansiedade

Esse título não parece uma reviravolta esquisita de um livro de C. S. Lewis? Mas essa parte é fundamental se você quiser entender a importância de fortalecer seus dois pilares vitais igualmente.

Dê uma olhada no gráfico a seguir[6], de *O código da mente extraordinária*.

Permita-se parar por um instante para pensar em onde acredita estar agora.

Felicidade baixa, visão baixa: a espiral negativa

Se você se sente insatisfeito com a sua vida como ela é hoje e não tem nenhuma visão para o futuro, recai na espiral negativa. Esse é o estágio mais perigoso de todos. É o terreno perfeito para depressão e apatia.

Felicidade alta, visão baixa: a armadilha da realidade atual

Algumas pessoas estão um pouco melhor. Estão fazendo as pazes com a vida como ela é. Começam a gostar de estar no presente e saborear as pequenas coisas, o que é ótimo. Elas já consolidaram o Pilar da Felicidade, mas abandonaram o Pilar da Visão. Por isso, acabam caindo na armadilha da realidade atual.

Para mim, é uma armadilha porque a felicidade vira algo passageiro. Ela varia com o que está acontecendo no presente. Só que a verdadeira realização é feita *tanto* de contentamento *quanto* de visão. É graças à visão que a felicidade pode beneficiar a humanidade de forma contínua e crescente. Não saber o que você quer da vida ou que marca quer deixar no mundo faz de você um espectador da própria existência. Você fica à mercê das ondas, à deriva, e seu estado depende da maré.

Tudo bem que ficar à deriva tem seus momentos *felizes*, mas não deixa de ser instável.

Felicidade baixa, visão alta: o canto da ansiedade

Existe outro grupo de pessoas que não têm um Pilar da Felicidade forte, mas *não lhes falta* visão. Podem até estar insatisfeitas agora, mas têm uma ânsia por mudança, para que as coisas sejam diferentes. É ótimo que sejam motivadas, mas com frequência ficam presas no canto da ansiedade.

Se você passa o tempo todo focando o futuro e colocando sua felicidade lá, estará constantemente infeliz no presente. Isso é chamado de *intenção paradoxal*. Tudo porque a intenção de ser feliz torna você... infeliz.

E o mais engraçado é que quanto mais infeliz você é, e mais baixa a *vibe* do seu dia a dia, menores as chances de você atingir seus objetivos. Empreendedores que estão sempre correndo atrás da próxima venda, estudantes se dedicando às maiores notas e pessoas solteiras na busca implacável pelo amor são alguns dos melhores exemplos.

Se pelo menos soubessem que a felicidade no presente é o ingrediente que falta para catapultá-los na direção de seus objetivos...

No livro *The Happiness Advantage*[7] (A vantagem da felicidade), o psicólogo Shawn Achor cita alguns estudos incríveis, que comprovam como nosso nível de felicidade determina nosso desempenho.

Segundo Achor, pessoas felizes:

- Têm muito mais chances de realizar seus sonhos
- São médicos melhores, chegando a diagnósticos 19% mais precisos que a média
- São vendedores excelentes, alcançando 50% mais vendas que a média
- Têm desempenho melhor em avaliações acadêmicas que estudantes infelizes

É isto: estar feliz no presente não vai ter nenhum efeito prejudicial nos seus sonhos. Pelo contrário.

Quando você está feliz, aprecia como a vida é agora (consolidando o Pilar da Felicidade) e tem um bom plano para onde quer que sua vida chegue no futuro (erguendo o Pilar da Visão), você chega à categoria final do gráfico: dobrando a realidade.

Felicidade alta, visão alta: dobrando a realidade

Batizei essa categoria de *dobrando a realidade* porque, quando você entra nesse campo, a vida se ajusta de acordo com a pessoa que você se tornou.

Imagine só. Você acorda todo dia de manhã em um estado de gratidão por como a vida é agora, e suas visões para o futuro te ajudam a levantar da cama.

Você tem clareza sobre sua missão e todo dia dá alguns passos na direção dela, ao mesmo tempo que vive plenamente o presente.

Você contribui para o mundo enquanto trabalha na sua própria vida.

Você se orgulha de onde chegou e dorme tranquilamente à noite, sabendo que daqui em diante só melhora.

Quando está nesse estágio, a vida parece outra, quase mágica. Você está num fluxo, um estado de foco e consciência elevados, cheio de coincidências e sincronicidades. As pessoas certas simplesmente surgem na sua vida, e você sente que sua maneira de viver é quase um privilégio. Quando alcança esse nível, não consegue mais não acreditar em algo maior do que o mundo físico, porque a magia virou rotina.

Só que, para chegar nesse ponto, você precisa ter certeza de que seu Pilar da Visão está tão forte quanto seu Pilar da Felicidade. E é aqui que a Meditação de Seis Fases entra.

Não se esqueça: esta meditação não é só meditação

Para mim, aperfeiçoar essas práticas o máximo possível é a maior prioridade, não só na minha prática meditativa, mas também na vida. Graças à Meditação de Seis Fases, tenho relacionamentos íntimos e profundos com as pessoas que amo, além de uma carreira da qual me orgulho. É graças à Meditação de Seis Fases que posso dizer aos quatro cantos do mundo que, na maior parte do tempo, sou uma pessoa bastante contente.

É que, como já vimos, meditar não se resume àqueles quinze minutos sentado no tapete. Tem a ver com as melhorias reais que você percebe em si mesmo quando se levanta.

Nenhum de nós é perfeito, e nossas falhas, como uma pessoa muito próxima a mim me disse uma vez, faz de nós "falhavilhosos". Por isso, a meditação não tem a ver com fingir que não temos um lado sombrio. Na verdade, ela torna você mais consciente do idiota que existe dentro de si, para que possa perceber quando ele chega e tenta fazer mal a você e às pessoas ao seu redor.

A meditação, especialmente as Seis Fases, torna você responsável pela melhor versão de si mesmo. Mantém você no caminho certo, que leva à sua visão de futuro única, seus sonhos, seus valores e seus propósitos. Resumindo, essa sequência de meditação, se me permite dizer, é boa pra caramba, além da conta.

E fico feliz por você estar prestes a abraçá-la e colher os benefícios incríveis, sem buscar um esvaziamento irrealista da mente.

Vamos falar sobre esse último ponto.

Por que não é preciso esvaziar a mente durante as Seis Fases

A maioria das práticas de meditação, de um jeito ou de outro, foca a meta de esvaziar, ou pelo menos acalmar, a mente.

Não sei você, mas sempre achei isso um pouco estranho.

Sim, é claro que deve ser muito bom apertar o botão de pausa em padrões de pensamento persistentes. Não estou discordando. Mas, como a coach em meditação da Mindvalley Emily Fletcher costuma falar: "Dizer para o seu cérebro parar de pensar é a mesma coisa que dizer para o seu coração parar de bater".

Pensar, por si só, tem uma péssima reputação em várias práticas espirituais, e o ego normalmente é tido como um vilão. Mas não tem nada de errado com você, se perceber que sua mente fica meio selvagem quando está sentado na almofada de meditação.

Afinal, existe uma razão pela qual escrituras budistas antigas representam a mente como "um macaco ébrio pulando de galho em galho". A mente foi feita para ser assim; é o jeitinho dela. Mesmo que seja bom treiná-la para se acalmar um pouco, para o seu próprio bem, não existe uma fórmula única para isso. E simplesmente instruir sua mente a "parar de pensar" não funciona muito bem, funciona?

Por isso a Meditação de Seis Fases tem essa estrutura tão compacta. Em vez de tentar bloquear os pensamentos, estamos adestrando o poder deles para acessar os benefícios reais da meditação. Não vamos matar o macaco para tentar pegar as bananas. Vamos treinar o macaco para colher as bananas para nós. Entendeu?

Emily Fletcher continua:

Se entendermos que o objetivo da meditação é ter uma boa vida – e não nos tornarmos bons em meditar – e se aceitarmos a realidade de que ninguém pode apertar um botão para pausar a mente, meditar fica muito mais puro, muito mais divertido e muito mais agradável.

Agora, vamos começar.

COMO PRATICAR A MEDITAÇÃO DE SEIS FASES

Pronto para se hackear em nome de uma experiência terrena ideal?

Então a Meditação de Seis Fases está esperando por você.

É possível acessá-la agora mesmo, de graça, no aplicativo ou na página da Mindvalley (vou explicar como fazer isso passo a passo nesta seção). Uma das melhores coisas nessa meditação, como eu disse no começo do livro, é que ela é adequada para todo mundo.

Ninguém fica para trás.

Você não precisa de nenhuma habilidade especial, de treinamento nem daqueles terços tibetanos, pelo amor de Deus.

Na verdade, vamos enterrar esses estereótipos de uma vez por todas. Vou começar esta seção com uma lista de coisas de que você definitivamente *não* precisa para se tornar uma pessoa que medita "de verdade".

**Lista oficial do Vishen de coisas que você NÃO
precisa comprar para meditar de verdade**

- Terços tibetanos, como eu já disse
- Tigela tibetana de quartzo do Nepal
- Incenso (não jogue a culpa da sua asma em mim...)
- Tudo sem glúten
- Chás iogues (mas, confesso, sou meio suspeito neste aqui)
- Tapete de ioga
- Meias de ioga
- Blocos de ioga
- Roupas de ioga (deu pra entender? Meditação não é ioga)
- Cristais
- CDs de canto gutural tibetano

Ainda não acabei.

**Lista oficial do Vishen de coisas que você NÃO
precisa fazer para meditar de verdade**

- Aprender a se contorcer para se sentar na posição de lótus
- Excluir do seu círculo de amizades as pessoas "não iluminadas"
- Ir à Índia para "se encontrar"
- Tornar-se vegano
- Começar a seguir um guru (não se envolva em cultos por minha causa)
- Organizar sessões de contato visual com estranhos
- Equilibrar seus chacras
- Tornar-se celibatário

Você. Não. Precisa. Fazer. NADA.

Você só precisa do seu corpinho. Tem um lugar confortável para se sentar? Ótimo. Tem um cérebro? Ótimo. Tem uns vinte minutos? Ótimo. Já está pronto.

Se compararmos com várias das meditações dogmatizadas e monásticas por aí, a Meditação de Seis Fases é bem humilde. E eu a criei assim de propósito. É muito triste que as pessoas que mais precisam de meditação (assalariadas estressadas que vivem no caos do mundo moderno) sejam repelidas pela cultura que muitas vezes caminha de mãos dadas com a meditação.

Se você curte terços tibetanos, incensos, cânticos e uma coleção de chá de ervas, tudo bem. Não tem nada de errado com essas práticas. Mas o que eu não me canso de martelar aqui é que nada disso é pré-requisito para a meditação. Principalmente esta aqui.

Vamos começar do começo

...um ótimo lugar para começar.

1: Esqueça tudo o que você acha que sabe sobre meditação

Em primeiro lugar: antes de mergulhar de cabeça na prática e ser transportado para o paraíso pela minha voz doce e suave, esqueça tudo o que você acha que sabe sobre meditação.

Um dos segredos mais valiosos e desconhecidos para tirar o máximo proveito de qualquer experiência nova é começar com uma mentalidade de iniciante superaberta.

Por isso, comece com uma atitude de amador, mesmo que acredite que já conhece o caminho da meditação. De acordo com nosso especialista em cérebro na Mindvalley, Jim Kwik, uma das principais razões pelas quais as pessoas não conseguem compreender totalmente novas informações é o fato de atribuírem menos peso a elas por causa do "conhecimento" prévio que têm sobre o assunto. Portanto, quando apertar o play na gravação da Meditação de Seis Fases, faça isso sem nenhuma expectativa sobre si mesmo.

2: Decida quando vai começar a praticar

Tudo é uma questão de tempo – principalmente quando falamos sobre meditação.

Então, a segunda coisa a se pensar é *quando* vai começar a praticar.

Se quer minha opinião, assim que acordar é sempre o melhor momento. Existem alguns motivos para isso.

Primeiro, a Fase 5 tem a ver com planejar o dia que há pela frente, então, se você praticar às oito da noite, não sobra muito do seu "dia perfeito" para pensar. Além disso, meditar pela manhã deixa você e as pessoas ao seu redor prontos para um excelente ciclo de 24 horas. Se acumular compaixão, gratidão, perdão, visualização criativa e conexão espiritual antes de cair dentro do seu café com ovo mexido, não tem erro, certo?

Segundo, seu cérebro está em um estado perfeito (a frequência alfa) para práticas meditativas *logo* quando você acorda. Sabemos disso porque nossas ondas cerebrais podem ser ativamente observadas e tabeladas usando uma máquina chamada *eletroencefalógrafo* (ou EEG).

Quando começa a meditar mais tarde, no pôr do sol, por exemplo, seu cérebro tem que trocar do estado desperto de todo o dia (beta) para esse estado de relaxamento (alfa). Isso pode ser muito difícil de alcançar para iniciantes. Mas, se começar a meditar logo no primeiro horário da manhã, você já começa com uma vantagem, pois está naturalmente no estado alfa.

3: Avise às pessoas que moram com você

Se você mora sozinho, pode pular essa parte. Você tem um arranjo único para paz e tranquilidade na ponta dos dedos, então não tem que se preocupar com interrupções.

Mas se, como eu, você tiver filhos, colegas de quarto, um cônjuge carinhoso ou animais de estimação agitados, não tem esse privilégio. Acho que é sempre uma boa ideia avisar a quem quer que more com você quando e onde você vai meditar e educadamente pedir (ou implorar) que não te atrapalhem.

Faça o que tiver que fazer. Prometa às crianças que vai brincar com elas depois ou diga à sua esposa que vai preparar o café da manhã. Basta que eles tratem esses quinze ou vinte minutos que você tirou para si mesmo como se fossem sagrados.

4: Decida onde vai praticar

E ainda tem o enigma de *onde* praticar sua meditação. Para mim, o melhor é me sentar na cama, assim que acordo, e meditar ali mesmo. Cruzo minhas pernas e encaixo um travesseiro atrás da lombar, mas repito: você não precisa fazer isso. Pode manter as pernas esticadas com uma almofada sob os joelhos, se preferir.

Desde que sua coluna esteja ereta e confortável, e sua cabeça esteja livre, você já estará em posição de meditação. Na cama, na cadeira, no chão, onde for. A melhor opção é em casa, mas, se estiver na correria, pode ser em um jardim ou um parque; até no escritório ainda se consegue dar um jeito.

Só não se deite, porque esse é um método infalível para cochilar por quinze minutos. Dito isso, quando se tornar um hábito para você, menores as chances de que você durma fazendo a Meditação de Seis Fases, mesmo se estiver um pouco cansado. Seu cérebro vai conseguir distinguir entre a hora de meditar e a hora de cochilar. Mas, por ora, é melhor se sentar em uma boa postura onde quer que esteja.

5: Pegue seu celular e abra os áudios da Meditação de Seis Fases

Chegou a hora de desfrutar da Meditação de Seis Fases em tempo real.

Mantenha seu celular por perto e abra a meditação para começar. Recomendo que se dê de presente um fone de qualidade; assim pode aproveitar a melhor experiência sonora. Melhor ainda, você vai ter uma experiência mais que especial se adicionar uma camada de batidas binaurais (ilusões auditivas de dois tons, que acontecem quando você ouve sons de frequências diferentes nos ouvidos esquerdo e direito) ou uma música relaxante por trás da faixa. Todas as opções de áudio estão disponíveis no aplicativo.

Se você ainda não está usando o áudio para meditação, veja algumas formas de encontrá-lo de graça.

Opção 1: O aplicativo Mindvalley

O aplicativo Mindvalley é de longe a melhor forma, e a mais fácil, de acessar a Meditação de Seis Fases.

É só baixar o aplicativo Mindvalley, criar uma conta e clicar na aba de Programas, na parte inferior esquerda.

Lá, você vai encontrar o programa de Meditação de Seis Fases completo, incluindo as lições e os áudios, para que possa desfrutar sem nenhum custo adicional juntamente com o livro. Se não conseguir localizar de imediato, procure-o na parte superior, digitando "seis fases" na barra de pesquisa. Quando aparecer, clique para começar sua jornada.

Se você já concluiu o programa e só quer os áudios da Meditação de Seis Fases, vá direto à aba de Meditações na parte inferior direita. Lá, você pode pesquisar diretamente, digitando "seis fases" de novo.

Assim que encontrar, clique no ícone de coração para marcá-lo como um dos favoritos. Dessa forma, assim que clicar na aba de meditações do aplicativo no dia seguinte, a Meditação de Seis Fases vai aparecer automaticamente, sem precisar localizar o programa na pasta.

Além disso, você ainda leva uma coleção inteira de outras meditações guiadas e cursos eficazes (incluindo cursos maravilhosos e curtinhos de graça, como As Três Perguntas Mais Importantes, bem como programas de aprofundamento, como o Método Silva Ultramind e o Seja Extraordinário. Tudo isso vai ajudar você a desenvolver cada vez mais o seu potencial, depois que aprender tudo sobre as Seis Fases). Então, aproveite, há muito conteúdo gratuito lá (alguns cursos não são, mas você pode desbloquear a coleção completa se filiando ao Mindvalley).

Opção 2: A página Mindvalley

Se você não tiver um smartphone, sem problemas. Entre na página Mindvalley (www.mindvalley.com/6phase) e se cadastre no programa da Meditação de Seis Fases para acessar todo o material que eu mencionei há pouco. O áudio está disponível em todo o curso.

Se esse papo tecnológico está confundindo você, não se preocupe. É muito fácil de usar: basta criar uma conta Mindvalley no seu computador, na internet. Você vai criar um login gratuito, do mesmo jeito que faria no seu celular. A página é muito parecida com o aplicativo... Só que é no computador.

6: Respire fundo e siga meus comandos

Chegou a hora de começar a meditar. Eu vou guiar você do começo ao fim, e você conseguirá acompanhar sem problemas, porque já terá dado um passo a mais lendo este livro antes de começar.

Lembre-se: você não precisa já estar em um espaço de calma e tranquilidade assim que começar a meditar. Você chegará lá ao final da gravação; portanto, apenas se encontre em si mesmo onde estiver agora. Venha como puder e aproveite.

Vai ser uma experiência muito especial.

7: Passo bônus – Movimento semimeditação

Por favor, não se martirize com qualquer tipo de desconforto durante esta meditação em prol de "fazer do jeito certo".

Ao contrário do que diz o senso comum, você *não precisa* estar parado e sentado quando for meditar. Claro, ajuda na concentração, mas o movimento não é proibido de nenhuma forma imaginável.

Sei que você já deve ter visto fotos de monastérios na Índia em que homens sacros ficam sentados como estátuas um dia inteiro, meditando em total imobilidade. Dá até gosto de ver. Belos e serenos, eles permanecem indiferentes a qualquer clima, qualquer som e qualquer inseto que possa pousar na pele deles.

Para mim, é um prato-cheio para contrair malária.

Fique à vontade para se mexer sempre que precisar. Se sentir uma câimbra na perna, alongue. Se seu filho cair, vá pegá-lo no colo. Faça o que tiver que fazer e depois retome de onde parou.

8: Passo bônus – Quando seus pensamentos vagueiam

As Seis Fases são uma bênção para as mentes que divagam.

Se você já medita há algum tempo e explorou o estilo de meditação de "contemplação" (o simples ato de observar a mente e sua corrente de pensamentos), deve saber que a maioria dos nossos pensamentos se direciona a duas coisas: resolução de problemas e planejamento. Por isso a Meditação de Seis Fases encara direto esses elementos da mente.

Essa é uma das maiores razões pelas quais a Fase 3, sobre o perdão, foi incluída. Se estivermos com raiva de alguém e tentarmos meditar, a mente sempre vai voltar para o quanto aquela pessoa é idiota.

Isso é instintivo e normal. Se algum evento que nos deixa apreensivos se aproxima, a mente vai querer focá-lo e se preparar para o pior cenário possível. Por isso, as Fases 4 e 5 são voltadas a desenhar um plano positivo e otimista para o futuro, tanto a curto quanto a longo prazo.

Está vendo? A Meditação de Seis Fases não demoniza o pensar: ela te dá uma estrutura otimizada, que se vale do poder da mente, melhorando sua vida para sempre, no final.

9: Passo bônus – Música

Outro mito que eu adoraria derrubar é o do tipo musical.

Você vai ver muitas pessoas que meditam pesado defendendo o silêncio cortante como o único pano de fundo possível para acompanhar a meditação.

Só que eu discordo. De novo, é como a questão da posição de lótus. Se você prefere o silêncio, se prefere a lótus, vá na fé e faça desse jeito. Todo mundo que medita é diferente e tem preferências diferentes. Não existem certo e errado.

Eu, particularmente, curto meditar com batidas binaurais tocando no fundo.

Por quê?

Porque foi comprovado que as batidas binaurais oferecem alguns benefícios bastante surpreendentes. Não são apenas canto de baleias e uma batida cafona tocada por iogues na flauta. As batidas binaurais são feitas por uma tecnologia que toca duas frequências sonoras (idealmente, uma no ouvido esquerdo, uma no direito, em uns fones bem elegantes) e que facilitam a prática de meditação ao sintonizar seu cérebro às frequências delas.

Pode parecer complexo, mas não é, de verdade. Vou falar sobre um laboratório na Fase 3, o capítulo do perdão, onde estudam ondas cerebrais. Tudo é mensurável. Frequências de ondas cerebrais refletem o estado de espírito em que você se encontra, e as batidas binaurais ajudam a tirar você do estado beta ativo e desperto, a fim de te levar para um estado mais relaxado, como o alfa. E é claro: é possível atingir esse estado de espírito zen e calmo sem as batidas binaurais, mas, se elas ajudam, por que não as usar?

Enquanto estiver reproduzindo a Meditação de Seis Fases no aplicativo Mindvalley, você pode até personalizar o áudio de fundo para se presentear com batidas binaurais e uma gama de outras melodias relaxantes.

Aí está. Agora, você sabe como praticar a Meditação de Seis Fases.

Siga esses passos e estará preparado para uma sessão muito produtiva, que vai influenciar positivamente não só seu dia, mas também sua vida inteira. E eu acredito, de coração, que a meditação não tem apenas o potencial de mudar a sua vida. Na verdade, ela tem o potencial de impactar a vida de todas as pessoas conectadas a você também. (Tenho mais a dizer sobre isso no capítulo final, então fique ligado.)

Fico mais feliz do que poderia expressar com palavras em dizer que você está prestes a se juntar a mais de um milhão de outros seres humanos que praticam a Meditação de Seis Fases diariamente.

Seja bem-vindo.

CAPÍTULO 1

FASE 1

O círculo de amor e compaixão

É bastante possível abandonar a sensação de ser uma pessoa isolada e experimentar uma espécie de consciência aberta e sem fronteiras. Em outras palavras, se sentir em comunhão com o Cosmos.

SAM HARRIS

Erga os braços e cheire suas axilas. Vai lá, é sério. Tem um propósito, você vai entender.

Que cheiro você sentiu? Imagino que nada muito dramático.

Eu chutaria que você pôde perceber algo muito próximo do prazeroso: o aroma refrescante do desodorante, a colônia floral ou algum resquício do sabonete que usou pela manhã. Ou quem sabe só sentiu o suor, aquele odor suculento da sua própria maravilha.

Mas, se eu pedisse que você se cheirasse desse mesmo jeito em 1920, talvez você tivesse desmaiado. Há cem anos, tomar banho não era bem uma prioridade. Seu bafo também devia ser terrível. Você sabia que, no começo da década de 1920, apenas 7% dos americanos faziam o esforço de escovar os dentes[8]?

Dito isso, progredimos bastante nos últimos cem anos, não foi? Hoje em dia, a maior parte de nós é consciente de que a higiene é uma das coisas mais importantes na vida. E, quando tomamos banho e borrifamos um pouco de perfume, não fazemos isso só por nós mesmos: também o fazemos em benefício do deleite olfativo de terceiros.

Então, por que é que milhões de pessoas capricham para chegar no trabalho parecendo uma flor de jasmim, mas a maioria delas não dedica um segundo para a higiene *mental*?

Limpamos nossos corpos diariamente. Mas nos esquecemos de limpar nossas *mentes*.

Muitas pessoas, incluindo eu mesmo, acordam de manhã cedo cheias de sentimentos de ansiedade, estresse ou arrependimentos do dia anterior. Não tem nada de errado nisso; é humano. Mas é quando escolhemos ignorar esses sentimentos que os problemas aparecem. Assim como o cheiro ruim, esses estados de espírito também vão, sem dúvida, impactar outras pessoas.

Quer você queira, conscientemente ou não, irá descontar suas frustações no mundo. Quando nos perdemos no mar das nossas próprias bagagens, a compaixão escorre pelo ralo. Começamos o dia com o pé esquerdo e acabamos levando todo mundo em volta junto.

Compaixão: os benefícios

A compaixão faz seu cérebro praticar ser mais gentil. Confie em mim: no mundo de hoje, gentileza é uma vantagem competitiva. Mas falarei mais sobre isso depois.

A compaixão provoca uma infestação de alegria que toca todo mundo com quem temos contato. Além de uma sensação incrível enquanto está praticando, a compaixão ajuda a prevenir que forças ruins e desnecessárias estraguem seu dia, sem falar no dia dos outros. Já não precisamos mais fazer tempestade em copo d'água, porque entendemos que, na verdade, não existe diferença nenhuma entre você e os outros. Com a prática da compaixão, você consegue ver a si mesmo nas demais pessoas.

Assim, fica mais fácil deixar algumas coisas para lá. Como quando o garçom erra seu pedido. Com certeza você já passou por isso. O estômago se corroendo, a ânsia de fazer um escândalo, que brota na sua mente quando o bife não vem no ponto que você pediu... Claro que não é o fim do mundo, só é muito irritante. Você é que não vai dar gorjeta.

Bem, eu sou conhecido por dar ótimas gorjetas. Não porque gosto de exibir minhas asas angelicais. Isso acabou se mostrando um efeito colateral inesperado de começar a praticar a compaixão.

Alguns meses atrás, quando as regras de confinamento pela covid-19 deram uma trégua, eu e uma amiga decidimos ir a uma cafeteria. Estávamos ansiosos, porque nenhum de nós saía para comer fora havia muito tempo. Tinha uma fila para entrar, mas não nos importamos em esperar, sorrindo por baixo das máscaras.

Quando finalmente nos levaram à nossa mesa, pedi animado uma xícara de café e uma omelete com abacate.

Vinte minutos depois, meu café chegou. Tomei um gole. Estava em temperatura ambiente. E isso, para quem mora no norte da Europa, significa *gelado*. Minha amiga, já enfurecida, se acomodou na cadeira e balançou a cabeça em desaprovação enquanto eu pedia com calma um café quente. Constrangida, a garçonete correu para preparar outro café. Só que não. Ela esqueceu.

Mais trinta minutos se passaram, e minha omelete chegou. E nem sinal do acompanhamento de abacate. Minha amiga me olhou, meio rindo, meio com raiva, e cochichou: "O atendimento daqui é péssimo!".

Continuamos comendo o que tinham servido. Quando estávamos prontos para sair, sorri para a garçonete e deixei vinte euros de gorjeta.

"Você está maluco?", minha amiga perguntou, franzindo a testa. "O atendimento foi ridículo. Por que você ainda deu vinte euros de gorjeta?"

Eu nem tinha pensado muito nisso. Era verdade, o atendimento tinha sido péssimo. Mas pelo menos era melhor do que continuar trancado em casa, comendo minha comida requentada no micro-ondas. Não pisávamos na rua havia três meses. A cafeteria foi um presente dos céus.

E a garçonete? Não fiquei chateado. Na verdade, senti empatia.

Ela devia ter ficado desempregada naqueles três meses de confinamento. Todos os bares e restaurantes tinham sido fechados. Além de estar totalmente sozinha, como todos nós, ela ainda devia ter a preocupação extra de onde iria sair seu próximo pagamento. Talvez ela também tivesse filhos, como eu.

E aí, ao aceitar aquele emprego, havia sido informada que teria que usar uma máscara cobrindo nariz e boca por dez horas seguidas, em uma cafeteria superlotada e abafada. Ela via a fila com mais de vinte pessoas se formando logo atrás de nós, as quais teria que atender. O lugar tinha funcionários de menos, e o máximo que ela podia fazer era dar o melhor de si para conseguir vencer o fluxo interminável de pedidos... Tudo isso vivendo na insegurança sobre o futuro naquele emprego, de novo, pelas próximas semanas.

Sinceramente, olhando por esse lado, ela estava fazendo um trabalho e tanto. E talvez aquela gorjeta pudesse, no mínimo, pagar uma garrafa de vinho e uma caixa de chocolates para ajudá-la a relaxar no fim do dia.

Se não fosse por pessoas como ela, trabalhando esporadicamente com atendimento durante uma pandemia, todos nós teríamos enlouquecido.

Expliquei isso para a minha amiga. Ela me respondeu com um aceno educado, e seguimos em frente com nosso dia.

O que eu não comentei com ela foi que, naquela manhã, eu tinha feito a Meditação de Seis Fases. Pelo visto, a Fase 1 tinha dado certo.

Aqueles três minutos de meditação me fizeram uma pessoa menos crítica e mais compreensiva. Os budistas diriam que eu havia recebido uma injeção de "bondade amorosa": o antídoto para a tendência humana ao "erro de atribuição".

Erro fundamental de atribuição: como interpretamos mal os outros e tentamos livrar nossa barra

Bem, nossos cérebros são pequenos aparelhos sorrateiros⁹ autobajuladores e pré-programados com esse tal erro fundamental de atribuição (do qual a Fase 1 vai libertar você).

Digamos que você esteja dirigindo e alguém corte seu carro em uma rodovia. Sua cabeça vai colocar a culpa no outro. Você vai gritar: "Que idiota!" (tomara que mentalmente, não pela janela). Em outras palavras, vai supor que o outro tem alguma falha de caráter: é grosseiro, arrogante, sem consideração pelos demais e egoísta.

Mas, quando é você quem corta alguém, sua cabeça já começa: "Ai, meu Deus, me desculpe, perdão!". Não importa se foi querendo ou não, você vai tentar se justificar: ainda está se acostumando ao carro novo; está cansado porque não dormiu bem na noite anterior e errou o cálculo na hora de medir o espaço; precisou levar seu passarinho ao veterinário; teve que levar sua filha na escola mais cedo, porque era dia de apresentação e você não queria decepcioná-la... Insira aqui suas justificativas.

Quando acontece com outra pessoa, é uma falha de caráter. Quando acontece com você, é apenas uma situação infeliz atípica. Você é a vítima gentil que cometeu um erro.

Uma vez, me chamaram de *babaca*.

Eu tinha 24 anos e estava correndo por um aeroporto porque tinha literalmente quatro minutos para embarcar para a conferência mais importante da minha vida. Nessa época, eu trabalhava para uma organização sem fins lucrativos chamada AIESEC, cujo foco era fortalecer a paz mundial. Eu ganhava um salário meio bosta, mas a missão deles era importante para mim, então eu fiquei. Escolhi o voo mais barato que encontrei para chegar à conferência, e eis que mudaram o horário da minha conexão.

Lá estava eu, correndo o mais rápido que podia, lutando para manter o fôlego e ainda carregar uma mala enorme comigo, desesperadamente. Se eu perdesse aquele voo, não sabia se iria conseguir pagar outro e não pediria reembolso para uma ONG. Na correria, acabei tropeçando na mala de um cara. Levantei e continuei correndo, porque não podia perder nem um minuto.

Conforme eu continuava na minha missão como um soldado, ouvi as palavras "SEU BABACA!" ecoando pelos corredores do aeroporto.

Era o dono da mala em que eu tinha tropeçado.

Aquilo me deixou atordoado. Eu não sou mesmo um babaca. Sou um cara legal. Foi só um acidente. Mas eu confesso que, se alguém tivesse pisado na minha mala sem nem se desculpar, eu provavelmente pensaria a mesma coisa sobre essa pessoa.

E aí está o erro fundamental de atribuição de novo. Eu era só um garoto decente tentando pegar um avião e economizar um pouco, porque trabalhava para uma ONG. Mas, para o cara que me xingou, eu era um idiota sem consideração que perturbou a paz do dia dele. Um moleque que chutou sua mala e continuou correndo.

Eu estava na mesma situação, mas enxergava as coisas de dois pontos de vista opostos.

Ter um senso de compaixão aguçado elimina a linha divisória entre "nós" e "eles". Consequentemente, você acaba não se deixando levar tanto, porque entende que nem tudo é oito ou oitenta. O infrator nem sempre é o vilão, e nem todo mundo está conspirando contra você. Nem sempre é uma *falha de caráter*. Às vezes, pessoas boas erram, assim como você.

Todos nós temos dias ruins. Ter um dia ruim não faz de nós pessoas ruins.

Mas, quando esses dias ruins com "comportamentos ruins" se transformam em rotina, é bom investigar. E começar seu dia com práticas compassivas é um ótimo começo.

O lado egoísta da compaixão

Preciso confessar. Não foi de um lugar de puro altruísmo e amor que escrevi o roteiro da Fase 1: O círculo de amor e compaixão. Não foi simplesmente da bondade do meu coração. Sim, é bom ser legal com outras pessoas. Sim, as pessoas ao seu redor vão agradecer a você por isso. Mas a compaixão também tem um lado egoísta.

Se o amor puro e incondicional pela humanidade não motiva você a praticar, tudo bem. Faça isso por você.

Porque, quando você pratica a compaixão, sua bagagem emocional fica mais leve, mais feliz e mais equilibrada a longo prazo.

Quando você induz a sensação de estar mais conectado com tudo e todos, nem preciso dizer que começa a ver o mundo como um lugar menos ameaçador. Você começa a enxergar o quanto as pessoas podem ser gentis; começa a perceber que o planeta, com todos os seus habitantes diversos, está dando o melhor de si para trabalhar *a seu favor*, não contra você.

Isso é cientificamente comprovado. A Universidade da Pensilvânia e a Universidade de Illinois conduziram uma pesquisa há um tempo sobre os efeitos de conexões sociais fortes no cérebro humano. No trabalho intitulado "The Very Happy People Study"[10] (Estudo sobre pessoas muito felizes), os cientistas buscavam descobrir o ingrediente secreto por trás do bem-estar profundo do *homo sapiens*.

No fim, o ingrediente não era um clima tropical ensolarado (embora isso ajudasse). O ingrediente não estava em uma caixa de donuts. O ingrediente não era dinheiro, sexo até dizer chega, nem sucesso profissional.

O ingrediente secreto era a força das *conexões sociais* dos participantes.

As pessoas constantemente felizes, muito felizes, muito acima da média, eram aquelas que desfrutavam de relacionamentos românticos profundos, laços familiares e amizades. Simples assim. Só que ninguém consegue experimentar isso de verdade sem altos níveis de compaixão.

Quanto mais compassivo você for, mais profundas, sólidas e harmoniosas suas relações serão. A compaixão é a moeda de troca social mais valiosa disponível por aí. É simplesmente poderosa.

O que é a compaixão, afinal?

A compaixão, ao contrário do que diz o senso comum, não tem nada a ver com sentir pena das pessoas.

Não é sinônimo de piedade. É a *conexão* afetiva com outros seres humanos, independentemente de quem sejam ou de onde venham.

Quando monges budistas meditam sobre a compaixão, não estão refletindo sobre os problemas do mundo e entoando "que peeeeena". Estão se conectando com a humanidade e, às vezes, com a própria Terra. Estão sentindo onde se encaixam em tudo isso e desfrutando dessa unicidade. Estão praticando estar em um relacionamento com *todos*; assim podem transitar pelo mundo cheios de amor incondicional e paz. E isso é muito mais legal que sentir pena, não é?

Piedade é "coitadinho". Compaixão é "que você se sinta melhor, colega humano, porque, na verdade, somos todos um só".

A diferença é sutil, mas importante. A piedade ataca sua energia, e a compaixão a estimula. Não é à toa que monges budistas sempre têm uma expressão de serenidade superior em seus rostos; eles foram lá e descobriram o santo graal da compaixão antes de nós.

Dito isso, inúmeros cientistas do século 21 estão finalmente prestando atenção nesse assunto e estudando-o com bastante vigor. Eles também querem saber o que é a compaixão e se realmente vale a pena se aprofundar nela.

A melhor definição de "compaixão" a que cientistas conseguiram chegar até agora é esta:

A compaixão é o ato de passar do julgamento para o cuidado, do isolamento para a conexão, e da diferença para a compreensão.

É uma descrição bastante precisa a meu ver. Um aspecto fascinante da compaixão é que você consegue vislumbrar o carinho, a conexão e a compreensão em imagens cerebrais, como tomografias. Brilhante como uma árvore de Natal, um cérebro treinado com carinho e gentileza tem até uma *aparência* diferente de um cérebro "normal", mostrando maior capacidade para positividade espontânea. A compaixão traz melhorias para o cérebro, literalmente.

Para mim, a compaixão é simples. É o ato de se entregar a uma versão melhor de si mesmo. É ser afetuoso e irradiar esse afeto de dentro para fora. É se importar e cuidar de verdade de nós mesmos e dos outros.

Como o grande William Blake disse: "Nossa estada na Terra é efêmera para que possamos talvez aprender a suportar os raios do amor".

E então? O que estamos esperando?

Os desafios da compaixão

Agora que você conhece um pouco melhor os benefícios da compaixão, que pode colher para você e para os demais, deve estar se perguntando por que esse assunto ainda é tão pouco discutido.

Bem, nosso estilo de vida atual não nos prepara exatamente para o sucesso no âmbito da compaixão. Mesmo que ela seja um efeito colateral natural de ser humano (a grande maioria das crianças já nasce compassiva), a sociedade tende a nos treinar para buscar o oposto.

Vou demonstrar isso com um experimento. Procure alguém e olhe essa pessoa nos olhos, agora.

Se quiser mesmo mudar a si mesmo, tente fazer isso com alguém que você não conhece tão bem. Se estiver sozinho, encontre um espelho e olhe dentro dos seus próprios olhos. Quero que sustente esse olhar, o mais firme que puder, por um minuto.

Como se sentiu?

O quanto uma conexão humana básica e primitiva faz com que se sinta desconfortável? Numa escala de zero a dez.

Se você mora nos Estados Unidos, no Canadá, na Europa ou na Australásia, o incômodo provavelmente foi enorme. É que, nessas regiões do mundo, as pessoas são treinadas para acreditar que conexões humanas devem *mesmo* ser desconfortáveis. Você deve ter aprendido que encarar alguém é falta de educação. A sensação de ter alguém encarando você deve fazê-lo se sentir exposto e vulnerável. Isso é triste demais. Não é um problema só nessas partes do mundo, na verdade. Uma cultura de conexão superficial se espalhou para vários outros lugares da Ásia, da África e da América do Sul.

Mas por que isso acontece? Se a experiência que mais ajuda a nossa realização é socialmente vista com estranheza, como grosseria e uma atividade dolorosa... sinceramente, estamos ferrados. *Precisamos* reaprender algumas coisas aqui.

Por isso a compaixão vem em primeiro lugar na sequência da Meditação de Seis Fases. É que o sentimento de conexão não deveria ser estranho para nós. Deveria ser uma prioridade nas nossas vidas.

Eu aposto que uns 99% de vocês que estão lendo este livro têm uma pergunta neste momento. A linha de raciocínio deve ser algo assim:

Esse negócio de compaixão parece ótimo na teoria, mas e se uma pessoa for uma completa idiota? E se eu não quiser ter compaixão por um filhote de Hitler?

Está bem. Eu entendo. Todos temos pelo menos uma pessoa que gostaríamos de mandar para outro planeta pelo motivo que for. É normal. E se toda essa ideia de compaixão não estiver descendo, pensando em uma pessoa específica, é aí que a Fase 3 entra em ação. Ela envolve apenas o perdão, que é quase uma compaixão superpoderosa.

Mas, por enquanto, não se preocupe com isso. Só vou pedir que você se concentre em alguém que ama muito e incondicionalmente para a Fase 1. Vou explicar como o processo funciona no final deste capítulo.

Então, mesmo que a Fase 1 não tenha como foco encontrar compaixão para aqueles que nos fizeram mal, ela também me ajudou de verdade nesse sentido. Quando eu entrei no fluxo de compaixão, parei de explodir quando alguém me tirava do sério. Eu sabia o que precisava fazer para ficar em paz, e rápido. A prática da compaixão me permitiu tomar as rédeas da minha saúde mental e lidar melhor com seres humanos passíveis de erro.

Isso foi maravilhoso para minhas relações pessoais e profissionais, além de permitir que eu me sentisse em casa no mundo, conectado a todos e a tudo que nele habitam.

E a melhor coisa é que você não precisará nem se esforçar. Quando começar a praticar a Meditação de Seis Fases regularmente, tudo isso vai passar a acontecer em um nível inconsciente. É tipo renda passiva. A melhor parte não para de chegar.

Treinando seus "músculos" da compaixão

Sei o que deve estar pensando. É óbvio que não vai se tornar infinitamente mais compassivo e conectado com o Cosmos em meros minutos. É óbvio que não é o tipo de coisa que você simplesmente decide aprender. Afinal, compaixão não é engenharia da computação. Não existe um módulo no Duolingo para ajudar você a falar *melhorpessoês*.

A compaixão é um traço de personalidade. Ou você é, ou você não é. Não dá para só decidir adotar uma qualidade humana iluminada, não é?

Não!

O professor Richard J. Davidson e seu time gigantesco de cientistas, psicólogos e cobaias na Universidade de Wisconsin-Madison concordariam comigo.

É que esses seres humanos incríveis[11] comprovaram que a compaixão é, na verdade, uma habilidade praticável. Eles também querem desvendar a verdade por trás do debate "natureza *versus* criação". A compaixão poderia ser aprendida ou implementada? Ou seu DNA é o que determina se você está destinado a ser a reencarnação do Gandhi... ou um pouco idiota?

Para responder a essa pergunta, a equipe decidiu montar uma pesquisa extensa sobre compaixão e gentileza. Eles pediram aos participantes que praticassem meditações guiadas sobre compaixão por duas semanas, todos os dias. Só isso. Sem choques elétricos, sem comprimidos, sem agulhas nem jaulas. Os participantes só precisavam se sentar, relaxar e cultivar sentimentos de compaixão dirigidos a pessoas diferentes.

Essas pessoas poderiam ser um ente querido, eles mesmos, um estranho ou alguém que eles achassem insuportável. Os cientistas monitoraram o progresso com exames periódicos de imagem.

Estas foram as descobertas:

Os resultados indicam que a compaixão pode ser cultivada com a prática, durante a qual comportamentos altruístas podem emergir do aumento da participação de sistemas neurais envolvidos na compreensão do sofrimento alheio, no controle executivo e emocional e no processamento de recompensas.

Traduzindo para a nossa língua, eles descobriram que qualidades humanas de benevolência não são predeterminadas. Pelo contrário: podem ser treinadas. Você pode treinar seu cérebro para ser gentil. Pode programar mais compaixão nos seus filhos. Pode se ensinar a não ser um otário.

Acolher uma versão mais compassiva de você mesmo é uma escolha possível. E a prática leva à perfeição.

A ciência concorda: a compaixão mantém você mais jovem e mais sensual. Quem poderia imaginar?

Agora que você descobriu a ciência por trás da compaixão e entende as possibilidades, vamos nos aprofundar em alguns brindes aleatórios que podem te surpreender.

Há muito mais benefícios em treinar os músculos da compaixão do que a serenidade superficial. Claro, você pode alcançar aquela cara de "Buda sereno" e se sentir muito mais conectado com as pessoas ao seu redor. Mas as consequências inesperadas também incluem:

- Aumento nos níveis de otimismo e positividade
- Desenvolvimento de generosidade natural
- Maior imunidade ao estresse
- Menor reatividade a estímulos irritantes
- Aumento na ativação das regiões mentais relacionadas aos laços afetivos
- Redução nos sintomas de estresse pós-traumático
- Redução de dores físicas[12]
- Rejuvenescimento[13]

É isso mesmo. A compaixão rejuvenesce.

Cientistas da Universidade da Carolina do Norte comprovaram isso. Eles realizaram um estudo randomizado controlado para medir o comprimento dos telômeros (marcadores de DNA do envelhecimento) dos participantes antes e depois das práticas de compaixão. Normalmente, espera-se que nossos telômeros encurtem ao longo da vida. O comprimento e a taxa em que o comprimento diminui indicam aos cientistas com bastante precisão quantos anos uma pessoa tem, assim como a velocidade do envelhecimento.

Assim, os cientistas compararam o comprimento desses telômeros em pessoas que praticavam meditações de compaixão e bondade amorosa com os de outras que não praticavam. Incrivelmente, enquanto o comprimento dos telômeros diminuía nos não praticantes de meditação, ele não encurtava nem um pouco no grupo de meditação de bondade amorosa.

Em outras palavras, a bondade e a compaixão retardam o envelhecimento em nível *genético*. Que loucura, não é?

Mais um benefício muito útil de uma prática de compaixão. Se você estiver solteiro, preste atenção: a compaixão pode ajudar você a conseguir seu próximo encontro.

Estudos mostram[14] que o atributo mais atraente em um homem, da perspectiva feminina, é a *gentileza*. E a compaixão é a raiz da gentileza!

Senhoritas, vocês não ficam de fora aqui. Um estudo parecido mostrou que os homens também costumam classificar as mulheres como mais interessantes se elas demonstrarem compaixão em algum nível. Então, apesar desse modelo binário, estudos indicam que a atratividade pela compaixão é neutra em termos de gênero.

Somos todos biologicamente programados para sermos atraídos por pessoas compassivas. Você já viu o monte de gente que se reúne na frente do Dalai Lama esperando um mero vislumbre do olhar amoroso dele? Todos nós queremos ser amados e compreendidos, e a compaixão é o ingrediente secreto que faz a mágica acontecer. Por que não iríamos querer sair com pessoas compassivas?

Ressonância do coração: o indicador de saúde ao qual não prestamos atenção suficiente

Eu queria tornar a Fase 1 mais pessoal. Queria ser capaz de *ver* e *sentir* minha conexão com o mundo de verdade, não apenas passar pelos movimentos mentais. Na minha busca pela técnica perfeita, me deparei com os protocolos de compaixão do HeartMath Institute.

Com sede na Califórnia, o HeartMath Institute é a casa de cientistas apaixonados, fascinados por um conceito chamado "ressonância do coração".

A ressonância do coração[15] é o intervalo entre as batidas do seu coração, que se correlaciona com seus níveis de conexão amorosa. E você pode medi-la, desenvolvê-la e usá-la como um trampolim para sentimentos de felicidade avassaladora.

Esses cientistas criaram uma prática simples que treina seus níveis de compaixão de verdade – a ressonância do coração, para usar o jargão deles. Dá para fazer isso agora mesmo. A prática é mais ou menos assim:

Pense em alguém que você ama.

Imagine essa pessoa parada na sua frente, sorrindo. Ao ver o rosto dela, diga que você a ama.

Sinta toda a adoração no seu coração e se mantenha nesse sentimento por trinta segundos.

Agora, vou explicar o que você acabou de fazer.

O simples ato de usar os músculos da compaixão fez com que seu corpo passasse por mudanças bioquímicas. Você acabou de fazer uma aula de ginástica para a ressonância do coração, produzindo ocitocina juntamente com outras substâncias químicas indutoras de bem-estar. Se existisse um cientista do seu lado agora, ele poderia mostrar a você, em um monitor cardíaco ou em uma tomografia, todos os efeitos incríveis que acabaram de lhe acontecer.

Quando me dei conta do quanto esse processo é fácil, tive uma ideia. Decidi que, para a Fase 1, começaríamos hackeando a ressonância cardíaca HeartMath e depois exalaríamos esse amor para abranger todo o planeta. Acabou sendo muito mais fácil do que tentar criar compaixão por toda a raça humana do nada.

Seja seu cônjuge, seu filho, seu guru ou seu gato, que acalma sua alma só com o ronronar... O primeiro passo é identificar alguém ou algo que você ama. Zero julgamento sobre quem ou o que você vai escolher. Desde que haja amor, esse exercício vai funcionar direitinho.

E então usaremos seu ente querido como trampolim.

Tudo bem, isso ficou mais estranho do que eu planejava. O que eu quero dizer é que vamos usar como um trampolim as boas vibrações que esse rostinho transmite para você. Vamos ressignificar o amor que você tem por essa pessoa para que alcance o resto do mundo. Primeiro para sua casa, depois para sua cidade, depois para seu país, depois para seu continente e, finalmente, para todo o planeta Terra.

E aí, vou descrever o que você vai precisar fazer durante a Meditação de Seis Fases. Não se preocupe em decorar esse processo, já que você vai poder me ouvir como guia ao usar a Meditação de Seis Fases no aplicativo Mindvalley.

Isso é só para aprofundar sua compreensão e, assim, sua experiência com a meditação.

O protocolo "O círculo de amor e compaixão"

Primeiro passo – Pense em alguém que você ama

Respire fundo e, ao expirar, mentalize uma pessoa amada à sua frente com o máximo de detalhes possível.

Veja como ela sorri com brilho nos olhos. Se você não for muito visual, apenas sinta a presença dessa pessoa. Primeiro, apenas internalize o sentimento de compaixão, sintonizando-se com o amor que ela faz emergir em você. Traga a consciência para o seu coração e atribua uma cor a esses sentimentos de amor. Pode ser rosa, azul, verde, o que vier à cabeça. Permita-se nadar em ocitocina enquanto respira profundamente. Mostre à pessoa o quanto você a adora e garanta sua passagem só de ida para a felicidade logo no início.

Segundo passo – Deixe a compaixão envolver seu corpo

Deixe de sentir a compaixão pela pessoa que você ama em seu coração e passe a senti-la por todo o corpo.

Respire fundo e, ao expirar, permita que esse sentimento de amor viaje do seu coração para cada célula do seu corpo. Permita que essa luz colorida e reconfortante transborde do coração para abranger todo o organismo. Sinta-a formar uma bolha acolhedora ao seu redor. Você também merece um pouco do seu próprio amor. Dê o melhor de si para sentir compaixão por você. Como Lisa Nichols, minha grande amiga e uma das professoras mais queridas da Mindvalley, costuma dizer: "Primeiro encha seu copo... Só então você pode repartir o que transbordar".

Terceiro passo – Expanda sua compaixão para o cômodo em que você está

Agora é hora de expandir essa compaixão e conexão para o cômodo onde você está meditando.

Respire fundo outra vez e, ao expirar, visualize aquela bolha de compaixão se expandindo. Imagine-a se expandindo e cobrindo todas as criaturas vivas nesse cômodo, incluindo pessoas, plantas e animais de estimação, sem impor limites. Eu acho muito prazeroso fazer isso enquanto estou sentado ao lado da minha parceira ou de alguém da minha família. Para mim, é algo muito saudável.

Quarto passo – Envie sua compaixão para as ruas

Agora que você aprendeu a expandir a compaixão pelo espaço, está pronto para ir um pouco mais longe em sua vizinhança.

Imagine sua bolha de compaixão se espalhando por toda a sua casa primeiro, tocando as pessoas que moram lá. Depois, imagine que ela se expande para envolver toda a vizinhança. Gosto de imaginar meus vizinhos sorrindo de repente, porque sentiram as vibrações positivas que estou enviando. Continue respirando profundamente e mantenha esse sentimento de amor o mais forte que puder.

Quinto passo – Permita que a compaixão envolva sua cidade e seu país

Comece com sua cidade e depois expanda para todo o país.

Nesta parte, gosto de ver um mapa da minha cidade na minha mente, que vai se ampliando até virar um mapa do país. Você pode visualizar sua cidade como se estivesse sobrevoando-a em um helicóptero ou vendo uma imagem dela com um drone. Visualize sua cidade coberta com a luz da sua compaixão.

Então, expanda essa compaixão até abranger todo o país. Veja-o coberto com a luz da sua compaixão. Use sua imaginação para isso. Sentindo esse amor em seu organismo, respire fundo e, ao expirar, com os olhos da mente, compartilhe o amor com todo o país.

Sexto passo – Permita que a sua compaixão envolva a Terra

Agora as coisas ficam mais interessantes. Respire fundo. Ao expirar, você vai continuar enviando essa compaixão do seu país para todo o continente.

Em seguida, passe por todos os continentes a cada nova expiração: América do Norte, América do Sul, África, Europa, Ásia, Oceania... Até mesmo para os pinguins na Antártida. Veja sua compaixão como um tsunâmi inofensivo, roçando toda a superfície do planeta. Esta é a etapa final da prática da compaixão, que nos conecta não só com aqueles mais próximos a nós, mas também com toda a vida na Terra. Empolgue-se. Veja pessoas de todas as nações e culturas. Veja os pássaros voando, os grandes felinos, as florestas tropicais e as tempestades de neve, o pôr do sol e o caminho para as profundezas do oceano.

Veja tudo e sinta o seu lugar neste belo mundo.

A última imagem que você vir deve ser o planeta Terra, lindamente coberto pela luz de sua compaixão.

Se você começar a divagar em algum momento e perder as vibrações cheias de ocitocina que criou no primeiro passo, volte para a pessoa amada. Veja seu ente querido mais próximo à sua frente, mais uma vez; encha-se de amor e espalhe-o novamente.

Pode ser que precise de um pouco de prática, então não se culpe se tiver dificuldade para compartilhar o amor de imediato. Pegue leve consigo mesmo; você faz parte de menos de 1% da população que está tentando sair do modo de sobrevivência. Você está no Intensivão do Ser Humano Compassivo.

Depois que pegar o jeito, isso vai se tornar automático. E você vai ser uma daquelas pessoas extraordinárias que sentem uma conexão não apenas com seu círculo social, mas também com toda a humanidade.

Imagine o que isso fará pela sua saúde mental. Imagine o que fará por cada pessoa com quem tiver contato. Porque, confie em mim, as pessoas sentirão sua energia.

Já imaginou se todos nós dedicássemos um pouco de tempo à prática da compaixão? Eu juro, isso poderia salvar o mundo. Pense nisso. Pense nos eventos mais traumáticos da história (criados pelo homem), aqueles que quase varreram *todos nós* da face da bendita Terra. Todos eles surgiram, de certa forma, por causa da falta de compaixão.

Pense em quantas guerras poderíamos ter evitado; em como trataríamos o planeta; em como trataríamos nossos entes queridos, estranhos na rua e a nós mesmos.

Agora você entende que a compaixão é muito mais do que piedade. Em vez disso, tem a ver com criar um mundo mais gentil e encontrar seu lugar único dentro dele. É uma característica tão poderosa da humanidade que pode muito bem ser nossa maior conquista evolutiva. É nosso superpoder secreto.

Eu me identifiquei muito com o amado super-herói viking da Marvel quando ele disse:

Prefiro ser um homem bom a ser um grande rei.

Eu te entendo, Thor.

Quando estiver em meu leito de morte, duvido que estarei preocupado com quanto poder exerci sobre os outros ou quanto "sucesso" eu tive. É muito mais provável que eu esteja refletindo sobre o quanto consegui dominar a compaixão. Sim, estarei pensando em como aprendi a amar.

E você?

Antes de passar para o próximo capítulo, abra seu aplicativo Mindvalley e comece o programa de Meditação de Seis Fases. Nele você pode pular para a lição interativa completa da Fase 1: O círculo de amor e compaixão. Ela tem poucos minutos de duração e recapitulará alguns dos pontos mais importantes que vimos neste capítulo.

Quando concluir, pode passar direto para o áudio da meditação, no qual guiarei você pelo protocolo da compaixão. Não levará mais do que cinco minutos, mas ajudará você a absorver a primeira fase da sua prática.

A lição não é obrigatória. Mas a meditação é. Transformações funcionam melhor quando aplicamos o que aprendemos logo. Largue o livro agora e vá experimentar a meditação.

Quando terminar, você pode seguir para o próximo capítulo.

CAPÍTULO 2

FASE 2
Felicidade e gratidão

*Eu reclamava de não
ter sapatos, até conhecer um
homem que não tinha pés.*

CONFÚCIO

O que a humanidade está realmente buscando?

Progresso científico? O significado da vida? Riqueza infinita? O elixir da imortalidade?

Sim. Todas as opções anteriores. Mas existe algo ainda mais valioso que não conseguimos deixar de procurar, mais que tudo. Em 1931, Albert Einstein disse, em uma de suas muitas entrevistas, que "o que buscamos é a felicidade".

Mais conhecido por desenvolver a teoria da relatividade, Einstein era tão curioso quanto nós sobre a ilusória natureza da alegria. Da mesma forma que deixou como legado para o mundo fórmulas revolucionárias no campo da física teórica, também encontrou uma equação para a felicidade. E ela foi vendida por US$ 1,56 milhão.

A fórmula da felicidade de US$ 1,5 milhão de Einstein

Depois de ir para o Japão[16] em 1922 para uma série de palestras científicas, Einstein afirmou ter refletido profundamente sobre a questão da felicidade durante toda a viagem.

Em meio a paisagens de cerejeiras e gueixas, ele se viu no local perfeito para se conectar com o significado real de bem-estar. E, depois de encontrar a fórmula secreta, a escreveu à mão em sua primeira língua, o alemão, em um pedaço de papel.

Certo de que aquilo era extremamente valioso, deu a fórmula de treze palavras ao mensageiro do hotel, como gorjeta por ter feito uma entrega em seu quarto.

A mensagem dizia:

Stilles bescheidenes Leben gibt mehr Glueck als erfolgreiches Streben, verbunden mit bestaendiger Unruhe.

Se seu alemão estiver um pouquinho enferrujado, aqui está a tradução em português:

Uma vida calma e humilde traz mais felicidade do que a busca pelo sucesso aliada à inquietação constante.

O belo gesto de Einstein valia ouro. Literalmente. Noventa e cinco anos depois, um dos membros da família do mensageiro vendeu aquele pedaço de papel por US$ 1,56 milhão em um leilão.

Mas o que essa mensagem quer dizer de verdade?

Você pode ter uma interpretação diferente, mas, para mim, Einstein não estava apenas dizendo para abandonarmos nossas metas e nos contentarmos com pouco. Acredito muito em definir intenções e ter uma visão para nossas vidas, e falaremos mais sobre isso em breve. E acho que ele estava nos alertando sobre a "mentalidade da falta", o princípio do "não suficiente", a luta e o sacrifício que bloqueiam a verdadeira realização.

Acho que ele queria nos libertar da síndrome generalizada do "serei feliz quando": a perseguição sem fim que produz uma "inquietação constante".

Qual é o único remédio infalível para nos ajudar a curar essa síndrome?

O poder da gratidão.

Mais sobre a síndrome do "serei feliz quando"

Antes de nos aprofundarmos na ciência da gratidão e em como ela impacta diretamente nossa felicidade, quero falar mais sobre essa síndrome quase silenciosa que acabei de mencionar.

Odeio ter que dar as más notícias, mas, se você é um ser humano vivendo no século 21, provavelmente tem essa síndrome.

E ela está arruinando a humanidade.

A síndrome do "serei feliz quando", a maior inimiga da paz, é a noção de que alcançar certos prazeres materiais ou realizações levará automaticamente à felicidade. Só que eles são sempre apenas *quase* alcançados. No mundo atual de "obrigado, próximo!", ouvimos que a felicidade nos espera logo depois de [inserir aqui um prazer/uma realização]. Mas, quando chegamos lá, é claro, a felicidade escapa das nossas mãos.

Todos nós já passamos por isso.

Serei feliz quando me formar na faculdade.
Serei feliz quando conseguir um namorado.
Serei feliz quando me casar com a mulher dos meus sonhos.
Serei feliz quando comprar uma casa de praia no Havaí.

Serei feliz quando for promovido.

Serei feliz quando me mudar para uma casa de comercial de margarina.

Serei feliz quando tiver três filhos.

Serei feliz quando comer esse pacote tamanho família de Cheetos.

Podemos sentir pequenas rajadas de felicidade quando, depois de muito esforço, finalmente conseguimos essas coisas. Só que a sensação da novidade passa rápido, e logo voltamos à estaca zero.

Apresentando a lacuna da felicidade

Dan Sullivan, um coach de empreendedorismo mundialmente conhecido[17], fala sobre essa ideia fascinante que ele chamou de "lacuna do futuro", que tem a ver com o estado humano clássico de insatisfação. Todos nós passamos por essa lacuna assim que nossa consciência se concentra na diferença entre onde estamos agora e onde *queremos* estar.

A "lacuna do futuro" é o intervalo entre nossa satisfação atual e a felicidade que achamos que vamos alcançar quando atingirmos um resultado por vir.

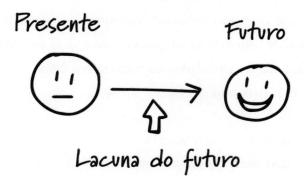

Ficamos obcecados por essa lacuna, agarrando qualquer chance de estreitá-la pelo menos um pouquinho, encantados pela possibilidade de sermos felizes quando isso acontecer. Mas aqui é onde mora o problema. Enganaram você. Porque você nunca, nunca será capaz de diminuí-lo.

É como correr em direção ao horizonte achando que pode alcançar o Sol. Pode correr o quanto for, percorrer milhares e milhares de quilômetros; a triste verdade é que o calor do horizonte nunca vai tocar a sua pele. Essa é a "inquietação" a que Einstein se referia naquele famoso pedaço de papel.

Seja honesto consigo mesmo. Alguma vez sentiu que está adiando sua felicidade indefinidamente? Essa é a síndrome do "serei feliz quando" mais clássica. Porque, mesmo que você consiga atingir seus objetivos, antes que você perceba, a lacuna vai reabrir. É um poço sem fundo de vontades que nunca vamos satisfazer. Mas nós somos viciados em tentar.

Se você está se sentindo levemente ofendido agora, deve ser um bom sinal. Estou pronto para ser o alvo das suas energias negativas em prol do seu crescimento pessoal. Mas saiba que você não está sozinho. Eu corri atrás desse horizonte como um louco a maior parte da minha vida, tentando desesperadamente fechar essa lacuna. Eu tinha a síndrome do "serei feliz quando". Poxa, ela até ainda me pega de vez em quando. E não é para menos.

Fomos criados por pais que já tinham sido infectados, porque os pais deles foram, porque os pais dos pais deles foram, porque os pais dos pais dos pais deles foram. A ideia de que podemos alcançar a felicidade por meios externos não é nenhuma novidade.

Mas também não tem nada de errado nisso. O progresso só é possível por causa do nosso desejo, geração após geração, de tornar a vida melhor. Esse anseio tem um lado positivo: nos fazer *construir*, *inventar*, *criar* e *melhorar* continuamente como espécie humana.

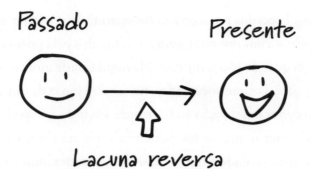

Mas o grande segredo é entender que a felicidade é, na verdade, o combustível para a produtividade. E que devemos ser felizes *antes* de atingir nossos objetivos. Dan Sullivan define isso como a "lacuna reversa".

A lacuna reversa é o que acontece quando você olha para trás.

É a alegria que sentimos quando percebemos o quanto avançamos. E você deve abraçar a lacuna reversa tanto quanto a lacuna do futuro. Isso é ainda mais importante se você for o tipo de pessoa voltada para objetivos ou muito focada no crescimento da sua carreira ou do seu negócio.

Dan Sullivan notou um "padrão de lacuna do futuro" em centenas de empreendedores. Eram pessoas maravilhosas, com vidas maravilhosas, mas ainda assim nutriam sentimentos de insatisfação.

Elas tinham a síndrome do "serei feliz quando".

Todas elas acreditavam que a realização estava logo ali na esquina. E todas caíram na ilusão de perseguir o horizonte cada vez mais distante. Elas estavam tentando fechar a terrível lacuna da felicidade (e falhando).

Então, Dan sugeriu uma mudança simples nesse modelo mental. Ele pediu que seus clientes começassem a prestar atenção não apenas em aonde estavam indo, mas também em por onde *haviam passado*, diariamente. Eles refletiram sobre as conquistas que já traziam na bagagem; refletiram sobre suas vitórias, suas lembranças felizes e os relacionamentos profundos que estabeleceram com seus entes queridos. Eles se concentraram no que tinham, não no que lhes faltava. Mas, principalmente, refletiram sobre o quanto cresceram como pessoas e como mudaram para melhor.

Eles desenvolveram uma vida mais calma, com menos inquietação.

Em outras palavras, começaram uma prática de gratidão da qual Einstein teria se orgulhado.

Como ficamos tão obcecados em adiar a felicidade?

Vivemos em uma sociedade que nos lembra, o tempo todo, do quanto seríamos mais felizes se comprássemos o que estão vendendo. Nossa felicidade tem um preço, e, se existe alguém que gasta muito, é a pessoa com a síndrome do "serei feliz quando".

Quando estamos presos na lacuna do futuro, a sociedade do consumo estoura até uma champanhe para comemorar. Sim, somos encorajados a ser um pouco infelizes.

Por quê?

Porque pessoas felizes não gastam tanto dinheiro assim, não é?

Pense em quantas empresas de beleza iriam à falência se as mulheres acordassem amanhã se sentindo satisfeitas com seus corpos.

Pense em como o supermonstro dos aparelhos eletrônicos (que em inglês tem nome de fruta) desabaria se as pessoas parassem de se preocupar com atualizações e começassem a se encontrar ao vivo com aqueles que amam?

Pense na rapidez com que a indústria farmacêutica afundaria se começássemos a tomar as rédeas de nossa saúde mental de forma holística.

Vamos falar mais sobre isso daqui a pouco.

Acho que deu para entender a ideia. Vivemos em um mundo que constantemente oferece soluções sempre mais novas e cada vez mais reluzentes para alcançarmos a felicidade de fora para dentro.

Você cresceu neste mundo. Mas não precisa continuar morando nele se optar por quebrar esse padrão.

A natureza rebelde da gratidão

A gratidão é de longe a maneira mais rápida e eficiente de produzir substâncias químicas de felicidade no seu corpo só com o poder do pensamento. Tem a ver com querer o que você já tem e comemorar isso emocionalmente. Tem a ver com agradecer pelas bênçãos da sua vida, não importa se forem gigantes ou minúsculas.

Tem a ver com estar presente onde você está agora e brindar a todas as coisas boas que estão acontecendo.

Essa é a verdadeira felicidade, se quer saber a minha opinião.

Mesmo que seja tentador fazer coro com o resto do mundo e correr atrás de pequenas doses de dopamina em vez de cultivar a verdadeira felicidade, eu juro que vale a pena lutar. Porque o bem-estar promovido pela gratidão é o tipo de felicidade que não tem "se" nem "quando". É do tipo que nunca sai de moda. É do tipo que, assim como a compaixão, não custa um centavo.

Além disso, a gratidão é um ato rebelde em muitos níveis.

Ela se rebela contra a lacuna.

Ela se rebela contra a síndrome do "serei feliz quando".

Ela se rebela contra o modelo de como a felicidade deveria ser, segundo a sociedade.

Ela se rebela contra o consumismo.

Ela se rebela contra a miséria, a depressão e a solidão.

A gratidão cria resultados mágicos em nossos mundos interior e exterior. Mas não é magia.

É ciência.

A ciência da gratidão

Centenas de estudos científicos já foram realizados acerca da gratidão, e por bons motivos. A gratidão é a característica humana mais diretamente associada a estados de bem-estar. Quanto mais a estudam, mais impressionados ficam os cientistas, neurologistas, psicólogos e entusiastas de crescimento pessoal. É realmente algo poderoso.

Meu estudo favorito[18] provavelmente é o do Dr. Robert A. Emmons, da Universidade da Califórnia, em Davis. Ele pediu a todos os participantes que escrevessem algumas frases por semana em seus diários. O tópico era diferente em cada grupo.

O primeiro grupo escreveu sobre coisas pelas quais eram gratos.

O segundo escreveu sobre coisas que deram errado ou foram desagradáveis em algum aspecto.

E o terceiro escreveu sobre todas as coisas que aconteceram com eles na semana anterior, sem nenhuma ênfase no quanto foram positivas ou negativas.

Depois de dez semanas, os resultados chegaram. Sem nenhuma surpresa, os que focaram as coisas pelas quais eram gratos se sentiam mais otimistas, realizados e no geral mais positivos sobre suas vidas. No entanto, a surpresa foi que eles também se exercitaram mais do que o normal e frequentaram menos consultórios médicos quando comparados aos outros dois grupos. Além do mais, os efeitos *permaneceram* mesmo depois que o experimento terminou.

Como eu disse, esse é um dos mais de cem estudos incríveis já realizados sobre o tema gratidão. Desconfio que você não esteja interessado em dissecar cada um deles. Mas saiba que todos provam que, quando você cria sentimentos de gratidão apenas com a força do pensamento, de um diário de gratidão ou da meditação, coisas interessantes começam a acontecer com sua mente e seu corpo.

Aqui estão alguns outros pontos que estudos científicos provaram ser verdade sobre a gratidão. Os benefícios incluem:

1. Aumento dos níveis de energia e vitalidade
2. Maior inteligência emocional
3. Melhora no humor (liberação de substâncias químicas felizes no cérebro)
4. Maior tendência ao perdão
5. Prevenção ou diminuição da depressão/ansiedade
6. Melhor relacionamento e sociabilidade
7. Sono melhor e mais profundo
8. Redução de inflamações e dores de cabeça
9. Redução do cansaço físico
10. Aumento dos sentimentos de satisfação com a vida[19]

Um dia na vida do seu eu futuro (seguindo uma prática regular de gratidão) deve ser algo parecido com o seguinte. Você acorda feliz depois de um sono profundo e restaurador. Está pronto para interagir com sua família e seus colegas desde o os primeiros minutos do dia, graças à inteligência emocional elevada. Tem um trabalho que pode parecer estressante para os outros, mas você não sente isso tanto quanto seus colegas. Não é o primeiro a apontar o dedo para alguém. Durante as reuniões diárias, seus colegas de trabalho muitas vezes perguntam por que você parece tão contente o tempo todo. Você sorri, se sentindo focado e inteiro no seu próprio corpo, além de estar totalmente pronto para os desafios do dia. Quando chega em casa, à noite, ainda está aproveitando o bom humor. E, quando vai se deitar, faz isso com satisfação por mais um dia bem aproveitado.

Se alguém nos oferecesse um comprimido que pudesse reunir todos esses benefícios, sem nenhum efeito colateral, de graça, não pensaríamos duas vezes antes de arrancá-lo da mão dessa pessoa, não é?

Sendo assim, por que não ouvimos falar nada sobre gratidão, mas *sempre* ouvimos falar do Prozac?

Bem, o lobby farmacêutico é enorme. O lobby da gratidão? Nem tanto.

Ótima para a mente e ótima para o bolso, a gratidão não requer que você gaste um único centavo para ser feliz. A cura verdadeira e a felicidade vão acontecer dentro da sua cabeça. Organicamente. Sem glúten. Também funciona muito bem sem uma nova luminária de sal do Himalaia, tapete de ioga, manteiga sem sal de vaca alimentada com capim, terços tibetanos ou um livro didático *Descubra seu sagrado feminino por meio da aromaterapia*.

Ok, talvez a única compra que você deva fazer seja um lindo diário de gratidão, para escrever antes de ir para a cama. Mas é só isso. Os ganhos são muito maiores do que o investimento.

Os mitos por trás da gratidão

Assim como a compaixão é associada a muitas informações equivocadas, a gratidão também tem sua parcela de mitos que só atrapalham. Então, vamos discuti-los.

Em primeiro lugar, muitas pessoas acreditam que só conseguimos colher os benefícios da gratidão quando nossas vidas estão às mil maravilhas. E, claro, a gratidão flui muito mais facilmente quando ganhamos presentes, comemos comida gourmet, recebemos dinheiro ou curtimos a noite com os amigos. Mas, na minha opinião, é nos momentos mais sombrios que a gratidão fica mais forte. Ela cria, por si só, níveis incríveis de resiliência e nos protege de cair em buracos depressivos. A habilidade de pausar no meio da dor e do caos para perceber o valor neles será útil até o último dia da sua vida.

Você terá momentos em que acordará de mau humor devido a uma péssima noite de sono. Mas você tem duas escolhas: culpar a si mesmo e a sua insônia, ou ser grato pelo fato de que, ao contrário de pelo menos um bilhão de pessoas no mundo, você tem uma cama e um teto[20].

Não estou tentando diminuir você nem seus sentimentos. A privação de sono é horrível.

Mas sempre podemos escolher para onde direcionar nosso foco. Com essa prática, você aprenderá que não importa o quanto as coisas possam parecer sombrias, sempre há algo pelo que agradecer. E isso faz com que lidar com as dificuldades da vida fique muito mais fácil.

Tudo bem se um colega de trabalho foi grosseiro com você hoje de manhã, mas você pode ser grato pelo fato de ter um emprego bem remunerado com outros colegas mais gentis?

Tudo bem se seu último encontro terminou, bom... bem mal, mas você pode ser grato por nunca mais ter que ver essa pessoa e apenas aproveitar a companhia dos amigos?

Não estamos negando nossas vivências ruins aqui; estamos apenas reformulando. Estamos separando o joio do trigo. E sempre há mais trigo em sua vida do que você acha que tem.

Sentir-se grato todos os dias não depende das grandes vitórias, como ganhar na loteria, saber que seu livro atingiu a lista dos mais vendidos do *New York Times* ou completar sua primeira maratona. Você também pode ser grato pelas pequenas coisas.

O engraçado é que não importa *o que* você aprecia, mas sim o *quanto* você sente isso.

Imagine ficar de molho em ocitocina e amor toda vez que receber um abraço de seu filho.

Imagine experimentar uma euforia pura quando seu colega de trabalho oferecer uma xícara de chá, só por gentileza.

Imagine sentir a primeira inspiração consciente do dia com o coração cheio de gratidão pelo simples fato de estar vivo.

Não é o tamanho da festa que importa, é *a força da emoção*.

Assim, ao praticar a gratidão, tente não correr pelos gestos mentais como se estivesse completando uma lista de tarefas. Em vez disso, sinta cada lembrança com todos os seus sentidos. É grátis, é orgânico, e você merece.

Se você nunca participou ativamente de uma prática de gratidão, não se culpe. Isso não significa que você é uma pessoa ingrata por natureza. No fim das contas, é uma *prática*, e, antes que você perceba, vai parecer muito mais natural.

Além do mais, algumas das pessoas que estão lendo este livro podem ter tido vidas muito difíceis. Elas devem estar pensando que, ao longo do tempo, não tiveram muito pelo que agradecer. É justo. Muitas vezes, as coisas acontecem por puro acaso, e a vida pode ser uma série de desafios e obstáculos.

Mas, como eu já comentei, um dos maiores mitos sobre a gratidão é que a sua vida precisa ser perfeita para que você a sinta.

Se você está passando por um momento difícil

Lembre-se: até as pessoas mais felizes se beneficiam da gratidão. Só que as pessoas infelizes, as que estão passando pelo inferno na Terra, são as que *precisam* de gratidão mais do que qualquer outra pessoa.

Talvez seja você agora.

Às vezes, parece que, no jogo da vida, recebemos umas cartas que não são exatamente dignas de gratidão. Talvez você não tenha tido a sorte de uma vida tranquila.

Alguns de vocês, lendo este livro agora, estão sofrendo em silêncio em um relacionamento abusivo. Outros podem estar presos em um emprego com condições péssimas, trabalhando para uma empresa que viola seus direitos humanos. Alguns de vocês podem estar sofrendo de uma doença debilitante.

Em tempos tão difíceis, eu sei que pedir a você que se sinta grato por essa dificuldade específica é uma missão quase impossível e beira o desrespeito. Eu não estou dizendo que você deva fingir que as circunstâncias não existem. Ser grato não significa aceitar um relacionamento abusivo, tolerar um ambiente de trabalho tóxico ou desistir da luta contra o câncer.

Você ainda pode ser grato por sua vida em geral e, ao mesmo tempo, reunir forças para implementar as mudanças necessárias para sair de qualquer situação dolorosa em que esteja. E, se puder, eu convido você a tentar.

Sempre há esperança, por mais fraca que seja.

Você pode ter achado essa parte difícil de digerir, coisa que eu entendo perfeitamente. Mas o que defendo é o fato de ser sempre possível mostrar amor e apreço por uma coisa específica.

Você mesmo.

E você deve. Merece isso de um jeito que eu mal consigo descrever.

Isso é chamado de autoapreciação e é uma parte fundamental da Meditação de Seis Fases.

Quando você chegar ao fundo do poço, a gratidão pelas coisas mais simples será sua salvação.

A gratidão é o segredo silencioso e despretensioso para sobreviver aos maiores traumas e desfrutar dos prazeres da vida. Eu poderia escrever um livro inteiro sobre gratidão, mas, por enquanto, espero que este capítulo convença você do poder dela e te inspire a praticar.

O Método da Gratidão 3x3

Agora que você já sabe tudo sobre a ciência e os benefícios por trás da gratidão, além de ter derrubado os mitos, vou explicar como será a prática.

Na Meditação de Seis Fases, guiarei você passo a passo pelo Método da Gratidão 3x3. De novo, você será guiado pelo áudio, mas é bom esclarecer um pouco o processo antes de começar.

Ele é chamado de Método da Gratidão 3x3 porque você se concentra em três aspectos diferentes da vida e três coisas pelas quais é grato em cada uma dessas categorias.

Esses três aspectos diferentes são a vida pessoal, a vida profissional e você mesmo (a chamada *autoapreciação*). Dentro de cada uma dessas áreas, você precisará encontrar três exemplos de coisas pelas quais é grato. Por exemplo:

VIDA PESSOAL

1. Sou grato por acordar ao lado de uma pessoa incrível todas as manhãs.
2. Estou muito grato pela festa de aniversário divertida e regada a vinho que meus amigos fizeram para mim, ontem à noite.
3. Sou grato pelas xícaras deliciosas de café que minha cafeteria preferida me serve todos os dias.

VIDA PROFISSIONAL

1. Sou grato pelo meu trabalho e como ele pode ser desafiador, estimulante e divertido.
2. Agradeço muito ao meu colega [insira o nome do colega aqui] e como ele sempre me recebe com um sorriso quando chego ao escritório.
3. Sou muito grato pelo dinheiro que recebo da minha empresa todos os meses – dinheiro que facilita a qualidade elevada de vida que eu tenho.

VOCÊ MESMO

1. Sou grato por ser o tipo de pessoa que acha fácil dar e receber afeto – e aprecio o fato de ser tão querido.
2. Aprecio de verdade meu corpo e amo meu físico.

3. Sou muito grato pelos meus talentos únicos, pelos idiomas que eu falo e pela minha capacidade de usar o potencial máximo da minha mente.

Esses são apenas alguns exemplos, mas você pode se esbaldar aqui, desde que não deixe nenhuma categoria de fora.

Eu montei o exercício desse jeito porque percebia que as pessoas que praticavam meditação de gratidão eram aquelas que tendiam a demonstrar gratidão só pela área mais sólida de suas vidas.

Se fossem *workaholics*, focavam as vitórias profissionais e esqueciam da vida pessoal. Se fossem muito apegadas à família, tendiam a se concentrar nos filhos e cônjuges e se esqueciam das carreiras. Tudo isso cria um desequilíbrio.

Outro erro que muitos cometem é esquecer de sentir gratidão por si mesmos. Por medo de sermos tachados de narcisistas, raramente paramos para refletir sobre o que faz de nós pessoas incríveis. Por isso, preferimos obter nossa validação de fontes externas. Confiamos nossa autoestima a terceiros, nos apegamos a feedbacks, elogios e confirmações de que somos pessoas boas e bem-sucedidas, em vez de fazermos isso nós mesmos. Então, para mim, o problema não é o excesso de amor-próprio, mas sim a falta dele.

Não conheço ninguém que goste de se elogiar, para ser sincero.

Mas conheço muitas pessoas que não veem problema em dizer que não têm habilidades, que não fazem o suficiente pelo mundo ou o quanto odeiam a circunferência de suas coxas.

Uma observação sobre a imagem corporal

Essa questão de não ser suficiente é mais comum com a imagem corporal. Todos nós temos *algo* contra os coitados dos nossos corpos.

Pode ser que esteja acima ou abaixo do peso. Pode ser que sua altura seja maior ou menor do que o "normal" para o gênero. Pode ser que sua pele não seja impecável como as que os comerciais de televisão exibem. Pode ser que tenha cicatrizes, um problema de saúde visível ou dentes não tão brancos e certinhos. A lista é extensa, e é bem provável que você se considere menos do que perfeito em uma dessas áreas.

Mas, se você está lendo isso agora, é um ser humano que está aqui por um acaso perfeito. É o resultado de um esperma sortudo demais que chegou a um óvulo felizardo. Você não foi apenas um em um milhão. Você foi um em *quinhentos milhões*. Seu corpo, esse que você tem a sorte de habitar, já um milagre por si só.

Então, por favor, faça uma gentileza a si mesmo e comece a valorizar seu corpo como ele é. Precisamos parar com essa história de forçar nossos corpos a um estereótipo específico de beleza.

Precisamos nos cuidar para sermos saudáveis, claro, mas chega de vergonha.

O que descobri é que, quando treinamos as pessoas para expressar gratidão por si mesmas e dedicar alguns minutos para refletir sobre tudo o que realmente *gostam* em seus corpos e suas personalidades, coisas maravilhosas começam a acontecer. Primeiro: pensar assim é ótimo, e esse sentimento de saúde e paz anda com elas o dia todo.

Segundo: elas se tornam menos inseguras, mais confiantes e mais resilientes com relação aos críticos. Em vez de se sentirem inacabadas, passam a se sentirem completas.

Terceiro: o relacionamento delas consigo mesmas fica muito mais sólido.

Quarto: os relacionamentos com outras pessoas ficam mais saudáveis, porque elas não são tão carentes e dependentes da validação alheia constante.

Nada mau ter alguns segundos por dia de autoapreciação, não é?

Gratidão e manifestação

Se todas essas razões para praticar não forem suficientes – sabe, a autoconfiança, a felicidade, menos consultas médicas, a realização, a salvação quando se está em um poço de desespero...

Ainda há mais.

A gratidão tem sido associada à realização[21], ao sucesso e à abundância.

Por quê? É como o palestrante motivacional muito querido "Zig" Ziglar disse uma vez: "Quanto mais você agradecer pelo que tem, mais terá para agradecer".

Algumas das pessoas mais ricas do mundo usaram a gratidão como prática para atrair mais dinheiro. E funciona. Em *A ciência de ficar rico*, o autor Wallace Wattles escreveu:

> *A mente grata está constantemente fixada no melhor. Consequentemente, tende a transformar-se no melhor. Ela assume a forma ou a característica do melhor para receber o melhor.*

Isso não é só bonitinho: é lógico. E, se você conseguir manter uma prática regular de gratidão, mesmo que seu saldo bancário não mude de cara, vai parecer que mudou. A abundância é um estado de espírito, afinal. E, como vimos, a mente abundante vai atrair, como um ímã, mais abundância para si mesma. Os iguais se atraem.

Dê o melhor de si para aperfeiçoar a prática da gratidão. Esse pode ser o único ingrediente faltante, que está afastando você da verdadeira alegria, paz e prosperidade.

O protocolo "Felicidade e gratidão"

Primeiro passo – Sua vida pessoal

Primeiro, você vai pensar em três coisas, eventos ou pessoas da sua vida pessoal pelas quais é grato.

Não importa se refletir sobre algo que aconteceu ontem ou há vinte anos. Não importa se for um ente querido vivo ou já falecido. Não importa se for algo gigante ou pequeno. Sinta-se à vontade para misturar e combinar assuntos e épocas: desde que você sinta o apreço, nada mais importa.

Você pode refletir sobre a ótima noite de sono que teve ontem e da qual estava precisando mesmo.

Quem sabe apreciar sua casa e como ela, mesmo humilde, protege você do frio e da chuva.

Você pode se lembrar da comida gostosa e nutritiva que tem na geladeira, um privilégio que bilhões de pessoas nunca terão.

Você pode se lembrar do dia em que seus olhos se cruzaram com seu cônjuge pela primeira vez, reviver aquele frio na barriga e agradecer por terem se conhecido.

Talvez você possa agradecer por aquele mochilão que fez com seus amigos quando tinha vinte e poucos anos, ou outras lembranças bonitas que fazem seus olhos brilharem.

Como comentei, tente não fazer apenas uma lista. Porque não se trata da lista em si, mas dos sentimentos associados a cada lembrança, pessoa ou coisa. Então, sinta as boas vibrações, sinta o amor e incorpore esse apreço. Essa é a parte fácil. A etapa 2 pode ser um pouco mais difícil para a maioria das pessoas.

Segundo passo – Sua vida profissional

Depois, você vai mudar o foco para as coisas pelas quais é grato na sua carreira e vida profissional.

Essa inclusão demanda muita reflexão, porque muitos de nós subestimamos essa área de nossas vidas e as inúmeras bênçãos que ela traz. Só que, se passamos cinco dias da semana trabalhando, faz todo o sentido tornar a gratidão relacionada ao trabalho um hábito.

Mesmo que você despreze onde está agora, deve haver *alguma coisa* pela qual você possa agradecer. Não estou dizendo que você deva ficar no trabalho se estiver pensando em pular da janela do escritório. Se estiver tão infeliz, provavelmente deve ir embora mesmo. Mas, enquanto isso não acontece, pense em três coisas que você valoriza em sua vida profissional.

Na pior das hipóteses, você pode refletir sobre como é grato pelo dinheiro que cai na sua conta todos os meses, e como ele sustenta você e sua família.

Você pode se lembrar de um colega especial com quem trabalha e se sentir grato pela gentileza que ele demonstra com você.

Você pode ser grato pelas demandas bizarras e como elas ajudam seu aprendizado e crescimento.

Você pode até se lembrar daquela festa de Natal muito louca que teve alguns anos atrás, quando a recepcionista ficou bêbada e deixou escapar muitos detalhes sobre a vida sexual inexistente dela... E se sentir feliz por ter testemunhado o constrangimento hilário de tudo isso.

Apenas observe esse espaço. Em um piscar de olhos, você terá mudado pra melhor seu modo de ver o trabalho e se sentirá muito mais positivo.

Terceiro passo – Você mesmo

Bem, para o pessoal novato nos quesitos crescimento pessoal e questionamento interno, isso pode parecer difícil em um primeiro momento.

Como eu disse, o terceiro passo tem a ver com honrar e respeitar algo que nunca fomos ensinados a honrar ou respeitar... Nós mesmos.

Quando você começa a se amar graças a uma prática de autogratidão, pode andar por aí sendo a versão melhor e mais confiante de si mesmo.

Assim como nos passos 1 e 2, você vai escolher três pontos principais.

Talvez você comece agradecendo sua disposição para dar uma chance a isso aqui, o que por si só diferencia você de muitas pessoas.

Talvez você se sinta grato por ser uma pessoa gentil, com um bom coração.

Você pode escolher um aspecto físico de si mesmo que aprecia ter, como a cor dos seus olhos, as pernas fortes que carregam você pelo mundo ou o sorriso autêntico que contagia as pessoas ao redor.

Você pode refletir sobre suas características intelectuais, como o quanto aprecia sua mente por estar em constante expansão, aprendendo novos idiomas ou habilidades e sendo inovadora.

Talvez você possa agradecer a si mesmo por sua motivação, por nunca perder uma sessão de ioga, por (quase) sempre cumprir seus prazos e se esforçar para comer de forma saudável todos os dias.

Você pode agradecer a si mesmo por ser um ótimo pai ou refletir sobre o quanto prosperou na carreira como empresária.

Vá em frente. Este último passo é o mais difícil, mas é de longe o mais importante. Quando tudo está dando errado e os pratos que você tem que equilibrar na vida pessoal e profissional estão caindo, você sempre pode recorrer à autoestima.

Aqui estamos, revertendo os efeitos da síndrome do "serei feliz quando".

Estamos revertendo aquela lacuna do futuro.

Estamos tomando as rédeas da nossa saúde mental sem precisar de um remédio caro.

O tempo que você passa em estado de gratidão nunca é tempo perdido. E, como vimos, sempre há algo pelo que agradecer. Nem preciso dizer que vivemos em um mundo imperfeito, onde sempre haverá mudanças que desejamos ver nas nossas vidas e nas dos outros. A síndrome do "serei feliz quando" será sempre um caminho tentador, mas não vamos segui-lo.

Agora sabemos que o único antídoto para os ciclos intermináveis de desejo, anseio, vazio e esforço é a gratidão. Criar um estoque de gratidão é a coisa mais inteligente a fazer se quisermos viver uma vida genuinamente feliz. Ponto-final.

O famoso filósofo estoico grego Epiteto foi quem melhor resumiu isso há alguns milhares de anos. Suas palavras são tão verdadeiras hoje quanto eram naquela época.

> *Ele é um homem sábio, que não se entristece pelas coisas que não tem, mas sim se alegra pelas que tem.*

Antes de passar para o próximo capítulo, abra seu aplicativo Mindvalley e comece o programa de Meditação de Seis Fases. Você pode pular para a lição interativa completa da Fase 2: Felicidade e gratidão. Ela tem poucos minutos de duração e recapitulará alguns dos pontos mais importantes que vimos neste capítulo.

Quando concluir, pode passar direto para o áudio da meditação, no qual guiarei você pelo protocolo da gratidão. Não levará mais do que cinco minutos, mas ajudará você a absorver a segunda fase da prática. À medida que avançarmos, vamos adicionar camadas em cada fase. Portanto, nesse áudio, começaremos com a Fase 1: O círculo de amor e compaixão e depois passaremos para a Fase 2: Felicidade e gratidão. Essa sobreposição faz com que cada fase se baseie na anterior, aumentando assim a potência da meditação.

CAPÍTULO 3

FASE 3
A paz pelo perdão

Ao atravessar a porta em direção ao portão que me levaria à liberdade, eu sabia que, se não deixasse minha amargura e meu ódio para trás, eu permaneceria na prisão.

NELSON MANDELA

Permita-me apresentar os três "R": ressentimento, rejeição e remorso.

Como um ser humano que vive no planeta Terra, você vai experimentar todos eles, em um momento ou outro.

Esses daí são mais traiçoeiros do que todos os outros sentimentos. São eles que ficam entranhados e corroem seu estado de espírito por dias, semanas, meses e até anos.

A razão? Todos se baseiam em eventos do passado.

E assim como o babuíno preferido do mundo diz no filme *O rei leão*, da Disney:

Ah, sim, o passado pode doer!

Enquanto Rafiki bate sem parar na cabeça de Simba com seu cajado, Simba acaba percebendo que não é porque algo doloroso aconteceu no passado que a dor foi embora. E, a menos que aprendamos algo com o que aconteceu e deixemos que essa dor vá embora, os três "R" continuarão a existir. Os tabefes e as pancadas da vida vão continuar caindo nas nossas cabeças, parecendo cada vez mais difíceis de suportar.

É aí que entra o perdão.

Perdão: o melhor antídoto para as dores do passado

Uma definição bastante aceita de perdão é a seguinte:

O perdão é a decisão de deixar para lá o desejo de vingança e o rancor para com a pessoa que prejudicou você.

Concordo, mas acho que não é só isso. Acho que o perdão tem menos a ver com o outro e mais com se libertar da negatividade. É um antídoto subestimado para o veneno que vem dos três "R". Porque você não pode mudar o passado, mas pode *reformular* como pensa sobre ele.

É pelo perdão que o ardor da raiva, do aborrecimento e da hostilidade pode esfriar, abrindo espaço para a felicidade novamente.

É pelo perdão que nossos corações e relacionamentos podem ser curados.

É pelo perdão que podemos caminhar para um futuro melhor, livres das correntes *daquele(a)-que-não-deve-ser-nomeado(a)*. Vamos falar mais sobre essa parte depois.

Além disso, a ciência está descobrindo agora algumas informações impressionantes sobre como o perdão afeta seu corpo físico.

Os benefícios estranhos e incríveis do perdão

Um estudo conjunto realizado por várias universidades[22] nos Estados Unidos, na Ásia e na Europa descobriu que "as pessoas induzidas a sentir perdão têm a impressão de que as ladeiras são menos íngremes e saltam mais alto em testes de condicionamento de impacto do que as pessoas que são induzidas a sentir rancor".

Essas descobertas provaram que o perdão pode aliviar literalmente a carga física do rancor, possibilitando mais saúde, desempenho e resistência.

Os benefícios do perdão não se resumem a se sentir um pouco mais leve emocionalmente... O perdão pode de fato fazer seu *peso* parecer mais leve ao escalar montanhas ou jogar basquete.

Boas notícias para alpinistas e jogadores da NBA, então.

Falando sério, depois que eu dei uma palestra sobre o estudo do perdão uma vez, um jogador olímpico de basquete entrou em contato comigo. Ele queria saber como se aprofundar na meditação do perdão para conseguir a medalha de ouro com seus saltos.

Este é outro benefício inesperado e estranho. Vocês que têm problemas cardiovasculares, prestem atenção. Já foi comprovado que o perdão[23] também ajuda a ter uma frequência cardíaca saudável, além de melhorar a pressão arterial. Não é lindo? Os corações físicos e metafóricos são curados pelo perdão – dois coelhos com uma cajadada só.

Além disso, quando você pratica o perdão, é muito menos provável que tenha a saúde mental comprometida e descarregue a energia ruim nas pessoas ao redor. Assim, quando você decide perdoar, o efeito cascata da dor para em você.

Isso é muito heroico, não é?

Quem poderia imaginar que todas essas vantagens poderiam nascer de exercícios curtos de perdão com a meditação?

Aliás, essa coisa revolucionária do perdão é bastante nova para mim. Perdoar quem me fez mal nunca foi meu forte. Nem de longe. Na verdade, descobri os benefícios de perdoar os inimigos por uma coincidência feliz.

E é aqui que a história fica um pouco mais metafísica.

Um experimento para transplantar a atividade cerebral de um monge para a nossa mente

Tudo começou quando me amarraram em um quarto escuro na Colúmbia Britânica, com doze eletrodos presos à minha cabeça, esperando que eu fosse capaz de relaxar sob pressão.

Foi em 2016, e aquele era um dos locais mais estranhos que eu já tinha conhecido. Eu estava prestes a descobrir na pele os benefícios físicos, mentais e, principalmente, espirituais do perdão.

Mas garanto que não esperava nada do que aconteceu.

Decidi me inscrever em uma experiência de cinco dias de treinamento mental, chamada *40 Years of Zen*. Foi um evento feito em conjunto pelo Dr. James Hardt e pelo famoso *biohacker* Dave Asprey. Fiz isso na esperança de resetar minha mente com a meditação para "acessar meu potencial inexplorado". Eu não tinha 100% de certeza do que isso significava, o que também foi uma parte do motivo que me levou até lá. Não resisto a um mistério.

Tive que pagar *quinze mil* dólares para entrar na lista de espera. Quinze mil dólares não são pouca coisa. Nem preciso dizer que as aulas e os experimentos dos quais participei eram cheios de pessoas ambiciosas, muito bem-sucedidas e ricas, todas na esperança de ter uma overdose de felicidade. Mal sabíamos que era o perdão que nos traria isso.

Muito antes que eu chegasse[24], os cientistas do instituto tinham trabalhado bastante estudando os estados de ondas cerebrais de monges zen, que passaram de vinte a quarenta anos mergulhados em práticas meditativas.

Ao analisarem os resultados, perceberam algo muito diferente nos cérebros dos monges em comparação com o cérebro dos meros mortais. Duas coisas, para ser mais preciso. Primeiro, os níveis alfa deles (as ondas que seu cérebro emite quando você está relaxado) tinham amplitudes extremamente altas. Em segundo lugar, as ondas cerebrais tinham o que é conhecido como "coerência cerebral esquerda-direita" (uma simetria impressionante de ondas cerebrais entre o lado lógico e analítico e o lado criativo e intuitivo). Tudo isso não só enquanto estavam meditando, mas também no estado desperto normal de todos os dias.

A equipe inteira ficou empolgada com essas descobertas e nos explicou como a meditação indutora de ondas alfa pode mudar seu cérebro para melhor, ajudar você a entrar no fluxo, dar um gás no seu QI e até aumentar sua criatividade.

Porém o mais emocionante foi que eles informaram ao novo lote de ratos de laboratório, o grupo do qual eu fazia parte, que estavam investigando se era possível transferir estados mentais semelhantes ao zen para pessoas normais. Estavam tentando criar mudanças permanentes nos padrões cerebrais de alguém para que se assemelhassem aos cérebros dos monges que meditavam regularmente por pelo menos vinte anos.

Foi nessa hora que ganharam minha atenção.

Não demorei muito a entender que não era balela, era *real*. Graças ao meu ceticismo crônico, minha tolerância para papo-furado era e ainda é muito baixa. Mas, se me mostrar que existe ciência por trás de algo, pronto. E, naquele instituto, não há nada além de experimentos, análises e resultados.

Todos os dias, durante cinco dias, depois de cinco horas de meditação em uma câmara com nossos cérebros conectados a máquinas, nos sentávamos com um neurocientista designado para analisar os estados e as mudanças das nossas ondas cerebrais.

Eu achava que sabia tudo o que se pudesse saber sobre os elementos-chave da meditação e como usá-los para alcançar resultados máximos.

Mas estava errado.

Embora minhas ondas cerebrais mostrassem um estado de espírito bastante zen, meus resultados não foram nada comparados aos de Sally.

Foi Sally quem plantou a sementinha da curiosidade sobre o perdão. Foi ela quem inspirou a Fase 3.

Sally, sem sombra de dúvida, teve uma das maiores transformações cerebrais que o instituto já tinha visto. A história dela poderia virar filme. Ela chegou ao instituto desesperada e estressada. Mas, ao longo dos cinco dias, suas ondas cerebrais mostraram melhoras impressionantes, que deixaram os cientistas boquiabertos.

Mas o que exatamente ela estava fazendo para conseguir resultados tão inacreditáveis?

Na época, o instituto ainda estava começando, e os pesquisadores ainda não tinham certeza absoluta de quais modalidades meditativas levariam a esses estados de felicidade plena. Era a algazarra mais calma de todos os tempos. Eles simplesmente colocavam as pessoas em câmaras de *biofeedback* e diziam para fazer o que quisessem. Relaxe, respire fundo, tenha pensamentos felizes, visualize o oceano, dê seu jeito...

E foi isso que Sally fez. Mas o progresso dela foi incomparável.

Quando o instituto perguntou qual técnica ela estava usando, ela respondeu: "Você quer mesmo saber?".

Eles queriam, sim. Todo o conselho de cientistas balançou a cabeça ao mesmo tempo e viu quando ela respirou fundo antes de declarar, sem nenhum pudor:

Eu estava perdoando tudo o que o babaca do meu marido fez.

Sally explicou que tinha se dedicado a perdoar ativamente o ex-marido durante as sessões de treinamento cerebral. Até hoje não temos a menor ideia do que o homem fez com ela. Mas o que quer que ela estivesse expulsando do corpo enquanto meditava no laboratório fez maravilhas para o cérebro dela.

O perdão como uma *megaferramenta* indutora de ondas alfa? Interessante. Depois de estudarem milhares e milhares de pessoas de todo tipo, os cientistas do instituto afirmam que existe uma maneira infalível de alcançar esses estados cerebrais desejáveis. Por meio da prática do perdão. Perdão era o segredo para fazer com que as ondas cerebrais de alguém ficassem mais parecidas com as dos monges Zen-Roshi, que passaram décadas meditando.

Mas a coisa ficou um pouco assustadora.

No quarto dia do evento, sentei para tomar café da manhã em uma pousada perto de onde estava hospedado com outros participantes. De repente, vimos Matt (nome fictício) descendo as escadas correndo, olhando para o telefone.

Matt tinha procurado o instituto porque estava passando por um momento difícil. Até aquela manhã, ele tinha escolhido não compartilhar o que tinha acontecido de fato. Visivelmente transtornado, parecia que ele tinha acabado de ver um fantasma.

"Matt, qual é o problema?", perguntei.

Ele respondeu: "Meu... Meu irmão acabou de me mandar uma mensagem".

"Alguma notícia ruim? Aconteceu alguma coisa?"

"Não... É que não falo com meu irmão há dois anos."

Matt contou que uma coisa inexplicável tinha acabado de acontecer. Veja bem, ele tinha passado os últimos três dias no instituto perdoando seu irmão. E o que o irmão tinha feito com ele quando era criança lhe causara traumas reais.

Quando tinha vinte e poucos anos, Matt se viciou gravemente em cocaína e sexo com prostitutas para lidar com a dor. Esse relacionamento nocivo com a intimidade estava arruinando a vida dele, pois ele se sentia incapaz de cultivar relacionamentos verdadeiros. Mas essa não era daquelas histórias clichês de fama. Ele não vivia um estilo de vida rock-and-roll, viva-como-se-não-houvesse-amanhã para se sentir jovem.

Ele se via indo ladeira abaixo porque o irmão abusara sexualmente dele quando ele era criança.

Nem preciso dizer que Matt odiava o irmão.

No instituto, depois de aprender sobre o poder do perdão para a cura pessoal, ele dedicou um tempo a tentar perdoar o irmão. E foi aí que, no quarto dia, algo inesperado aconteceu. O irmão de Matt, do nada, mandou um vídeo lhe dizendo o quanto se arrependia e pedindo perdão.

O irmão do Matt não fazia ideia de que ele estava no instituto.

A história deixou todo mundo em choque.

Isso mostrou que o perdão parecia ultrapassar algumas fronteiras não físicas e impactar até a vida das pessoas que tentamos perdoar. Além disso, o perdão era capaz de curar tanto a vítima quanto o agressor.

Perdão: o efeito dominó no campo não físico

Anos depois, me deparei com uma ideia que explica fenômenos como esse durante uma entrevista que fiz com Gary Zukav, escritor americano e professor de autoempoderamento. Ele falou sobre como estamos total e profundamente conectados uns aos outros no mundo não físico, muito mais do que nos ensinaram a acreditar.

Isto foi o que Gary me disse:

A lei não física permite que você use causas não físicas para criar efeitos não físicos, além de efeitos físicos. Isso não significa que você não controla o que você cria. Pelo contrário! Significa que você é totalmente livre para criar o que quiser, desde que entenda como a lei não física de causa e efeito funciona.

Ele diria que o que aconteceu com Matt não foi por acaso. Matt gerou essa resposta do irmão no campo não físico graças ao perdão.

Gary explicou que a realidade não física é, na verdade, mais familiar para nós do que a realidade física visível ao nosso redor. Se pensar bem, todos viemos da realidade não física antes de nascer e voltaremos a ela quando morrermos. Mas, enquanto estivermos na Terra, uma grande parte de nós ainda vive e evolui nesse reino não físico. Por isso, pode ser que a maior parte das nossas interações com outros seres humanos aconteça realmente nessa realidade não física. Gary disse o seguinte:

Suas intenções são as causas não físicas que movimentam a energia. Elas criam uma infinidade de efeitos e, portanto, determinam as experiências da sua vida.

Ficou evidente que, mesmo que outra pessoa não saiba que você a está perdoando por algo, o mero ato de perdoar pode criar um efeito dominó que nenhum de nós entende por enquanto. Além de nos sentirmos bem com nós mesmos, o perdão poderia afetar e influenciar diretamente o comportamento das pessoas ao redor? A resposta simples é *sim*.

Então decidi tentar eu mesmo.

A sorte esquisita depois de eu experimentar o perdão profundo

Depois de fazer algumas pesquisas por minha própria conta sobre alguns dos outros benefícios, fiquei tentado a experimentar essa história de perdão. E, curiosamente, no dia em que decidi perdoar o que era mais difícil para mim, consegui atingir os maiores níveis de amplitude de ondas alfa até hoje.

Eu me lembro de abrir os olhos depois que a meditação acabou, lágrimas escorrendo pelo rosto, e só então enxergar o número mais alto que já marquei na tela de *biofeedback*. Foi um alívio para os olhos (literalmente).

E as coisas boas não acabaram aí. Em meados de 2017, voltei ao treinamento de perdão no *40 Years of Zen*, dessa vez em Seattle. Lá, foi confirmado que o perdão não só aumenta sua paz de espírito e os níveis alfa, mas também cria resultados mágicos no seu entorno.

Os cientistas me explicaram que um dos efeitos colaterais de se aprofundar nesse processo é que a sincronicidade e a manifestação se aceleram. Resumindo, seus desejos e sonhos mais íntimos se tornam realidade com mais rapidez e facilidade. Como são cientistas, eles não usaram as palavras *sincronicidade* e *manifestação*. Em vez disso, o que disseram foi que as pessoas pareciam ficar "mais sortudas".

É uma linda promessa.

Bem, como a 99% das crianças da minha geração, pessoas mais velhas e mais sábias me ensinaram que, quando a esmola é demais, o santo desconfia. Então fui com o pé atrás. O que aconteceu depois foi uma pitada de *sorte* um tanto bizarra, inesperada e chocante.

Depois de concluir o treinamento de perdão naquele ano, voltei para casa e segui com a vida. Voltei ao mundo "real" – sabe como é, trabalho, filhos, contas, rotina. Eu nem me lembrava mais do que os cientistas disseram sobre toda essa coisa de felizes-para-sempre-induzidos-pelo-perdão.

No ano anterior, eu tinha publicado meu primeiro livro, *O código da mente extraordinária*. Para ser sincero, estava bem nervoso sobre isso. Ao escrever um livro, você se coloca em uma posição muito vulnerável. A vontade de pesquisar avaliações e classificações é forte, mas você não pode. Não, senão ficaria neurótico. É uma bola de neve. Por isso, é uma regra. Quando publicar um livro, seu único trabalho é esquecer os resultados e torcer pelo melhor.

Àquela altura do campeonato, eu sabia que fazia algum sucesso, mas, mesmo assim, você nunca, *jamais* dá uma olhadinha na página da Amazon ou pesquisa as vendas e classificações dos seus livros. Você se convence de que o trabalho acabou e passa para a próxima obra.

Algumas semanas depois do treinamento, tive um impulso esquisito. "Olhe seu livro na Amazon", disse minha intuição uma tarde, enquanto eu trabalhava no computador. (Detalhe: quando você pratica o perdão, você se torna mais intuitivo.)

O quê? Não. Eu não poderia. Não se verifica a página da Amazon!

"Olhe seu livro na Amazon."

Mas...

"Olhe seu livro na Amazon."

Aquela voz insistia muito para que eu quebrasse as regras.

E eu cedi.

Mas o quê? Olhei de novo. Não pode ser. Olhei mais uma vez.

A Amazon me mostrava como o segundo autor mais vendido no mundo, na frente de Tolkien e J. K. Rowling. E o mais estranho ainda era que, um dia antes, 16 de setembro de 2017, meu livro tinha se tornado o mais vendido mundialmente na Amazon Kindle.

Para mim, enquanto escritor, era música para ouvidos incrédulos.

Foi uma coincidência? Talvez. Ou foi a "sorte" de que esses cientistas falaram?

Acontece que o perdão é um treinamento transcendental por si só, que pode levar a acontecimentos extraordinários. É uma ferramenta de manifestação incrivelmente poderosa, bem como um caminho para a saúde e a prosperidade.

Nós o entendemos por completo? Não. Mas, como o físico Nassim Haramein disse uma vez: "A espiritualidade nada mais é do que a física para a qual ainda não encontramos uma fórmula".

Mas... devemos perdoar tudo e a todos?

Eu sei o que você está pensando. Tudo isso parece ótimo, mas e se alguém fizer algo muito, muito ruim?

E se o ato for imperdoável?

Em primeiro lugar, no fim das contas, você está fazendo isso por você, não pela outra pessoa. Não perdoar é enganar a si mesmo, porque você, sim, merece colher todos esses benefícios e viver uma vida sem ressentimentos.

A primeira regra do perdão é que podemos perdoar *qualquer coisa*.

Lembre-se do meu amigo Matt da próxima vez que achar que algo é imperdoável. Se ele pode perdoar ao irmão por abusar sexualmente dele quando era criança, você pode perdoar a quem te machucou. Se Nelson Mandela pode convidar seus carcereiros (que o mantiveram preso injustamente por 27 anos) para jantar e partilhar o pão, você pode perdoar a quem quer que tenha arruinado sua vida.

O perdão liberta você, mas, como vimos, também pode abrir portas para oportunidades incríveis e munir você das características necessárias para viver a vida que quiser.

Como o perdão liberta você: a história de Ken Honda

Existe um homem incrível chamado Ken Honda. Ele também é conhecido como "o panda feliz" e é o orgulho e a alegria do Japão. E por um bom motivo.

O "Zen Milionário" (outro apelido dele) é uma das pessoas mais bem-sucedidas, legais e realizadas que já conheci na vida. E adivinha? Ele atribui seu sucesso, em grande parte, à prática do perdão.

No curso Mindvalley Money EQ, ele contou algo bastante pessoal.

Quando Ken era criança, tinha medo de estar na presença do próprio pai. Empresário japonês extremamente disciplinado e esforçado, o homem foi se endurecendo com os desafios da vida e tendia a descontar no filho. Mas o pai de Ken nunca disse quais problemas carregava e nunca, jamais abandonou a armadura estoica – como a maioria dos homens japoneses da época, nunca deixava seus sentimentos transparecerem.

Até uma noite em que Ken entrou na cozinha e encontrou o pai soluçando.

Ao ver o rosto vermelho do pai e lágrimas enormes escorrerem pelas grandes mãos viris que tentavam esconder o rosto, Ken presenciou algo que até então não tinha visto.

Ele não sabia que era possível um homem chorar.

"Meu pai... chora?"

Nem preciso dizer que Ken ficou chocado. O que poderia ter levado seu forte, grande e autoritário pai a chorar feito um bebê?

A única coisa que faz o mundo girar. Dinheiro.

Aquela era só a ponta do iceberg. Eles estavam com problemas financeiros e, mesmo tão jovem, Ken tinha plena consciência disso.

O dinheiro deve ser uma coisa ruim.

Dinheiro é estressante.

Não existe dinheiro suficiente.

O dinheiro faz meu pai chorar.

Essas, entre outras, foram as crenças que Ken absorveu sobre o conceito do dinheiro. São clássicas.

É dos nossos pais que herdamos nossas convicções limitantes, e em pouco tempo elas se transformam em enormes bloqueios que se solidificam cada vez mais. Os entraves com dinheiro talvez sejam os mais comuns de todos e, infelizmente, costumam ter as piores consequências. Uma delas é que o dinheiro para de chegar até você porque você não acredita que ele chegará. Isso trouxe muitas dificuldades na vida de Ken e foi tudo culpa de seu pai.

Seu pai não apenas o abandonou emocionalmente e demonstrou nenhum (ou quase nenhum) amor quando era jovem, mas também deixou nele grandes bloqueios com relação ao dinheiro. Muito obrigado, pai.

Apesar disso, a história tem um final feliz. A julgar pelo perfil de Ken hoje, dá para perceber que ele encontrou uma maneira de superar tudo isso. Como? Ele mesmo conta o que aconteceu:

O mais importante para mim era perdoar meu pai. Depois de algumas tentativas, finalmente consegui. Nesse perdão, encontramos uma conexão muito profunda. Eu cheguei a ouvi-lo dizer "sinto muito por tudo". Eu não esperava por isso.

Ken perdoou o pai por fazê-lo sofrer tanto quando era criança, e acontece que o pai de Ken tinha sido tratado da mesma forma pelo próprio pai.

Ele foi magoado da mesma forma, muito antes de mim, pelo pai dele. Então, agora temos uma nova conexão: a empatia. Nosso vínculo é tão profundo, é fraternal.

Afinal, pessoas magoadas magoam pessoas, e entender isso ajudou Ken a se conectar com o pai e acelerar o perdão. Mas isso não era tudo. Ken não só curou seus traumas com dinheiro, como a empatia recém-descoberta pelo pai também abriu as portas para sua enorme história de sucesso. Ele me disse:

Eu costumava ter muita dificuldade em ouvir pessoas mais velhas do que eu, porque não confiava nelas, já que não confiava no meu pai. Mas, depois de curar toda essa mágoa pelo meu pai, pude me aproximar das pessoas mais velhas. Foi por isso que me tornei um aluno tão dedicado com muitos dos meus mentores financeiros, incluindo o grande Wahei Takeda.

Foi Wahei Takeda, o Warren Buffett do Japão, o mentor que ajudou Ken a se tornar o escritor número um do país, com mais de cinquenta livros publicados. Uma em cada vinte pessoas japonesas já leu o Ken. Outros escritores não chegam nem perto. E foi graças à sua própria jornada de perdão que ele conseguiu ajudar milhões de pessoas a curarem seus traumas financeiros para alcançar uma vida melhor também.

"Não lhe enviei outra coisa senão anjos"

Qualquer fã de Neale Donald Walsch sabe que ele também é um grande defensor do perdão. Ele é conhecido principalmente por sua série de livros *Conversando com Deus* (que vendeu mais de quinze milhões de cópias). Mas, por mais incríveis que sejam esses livros, é uma de suas obras menos famosas que ocupa um lugar muito especial no meu coração. É um livro infantil sobre o perdão.

Aliás, se, como eu, você tem filhos pequenos e interesse em ensiná-los a perdoar e lidar de forma saudável com todas as emoções decorrentes disso, você deveria dar uma olhada. Chama-se *The Little Soul and the Sun* (A pequena alma e o sol). Nesse livro[25], Neale compartilha uma mensagem muito interessante: resumindo, Deus, o Grande Espírito, o Universo, envia-lhe o que você precisa (não o que você deseja) na hora certa.

Se alguém trair você, mesmo que você pense que essa pessoa é a reencarnação do diabo, essa pessoa está ali para ensinar lições valiosas e proporcionar uma oportunidade de autodescoberta. Como Deus diz à pequena alma no livro: "Não lhe enviei outra coisa senão anjos".

Isso não quer dizer que você deva fazer amizade com quem machucou você. Esse é um erro comum sobre o perdão e tende a afastar as pessoas. Perdão não é voltar com seu ex ou retirar a queixa se alguém cometeu um crime contra você. Não é uma indulgência e não justifica os atos horríveis e abomináveis que você possa ter sofrido. De jeito nenhum. O sistema penal que julgue.

Em outras palavras, você pode perdoar o ladrão. Mas você ainda deve fazer a denúncia à justiça para que ele não vá roubar outra pessoa.

Mesmo que você não tenha dado queixa, pelo menos pode descansar sabendo que o carma não deixa nada barato.

Brincadeira.

(Ou não.)

Mas, falando sério, confie em mim quando digo que o perdão nunca tem a ver com a outra pessoa. O perdão é um processo pessoal e interno de cura. Tem a ver com *você* e seu bem-estar, de mais ninguém.

Você está fazendo isso por *você*, não por eles.

Por meio desse processo de desapego, você está se libertando dos venenosos três "R" (ressentimento, rejeição e remorso, lembra?) e decidindo deixar o Universo cuidar do resto.

Além do mais, Neale defende a ideia de que, ao se tornar especialista em perdão, vai chegar um momento em que você terá cada vez menos coisas para perdoar, para começo de conversa.

"O sábio nunca precisa perdoar", ele me disse, "pois o sábio entende".

Neale me explicou que, em dado momento, depois de mergulhar verdadeira e profundamente no perdão, ele acaba se tornando automático. Nesse ponto, você é capaz de entender as perspectivas dos outros (por mais imperfeitas que sejam), e as más decisões ou ações deles não são mais um gatilho para você.

Essa é a questão principal para a próxima ideia: tornar-se *impassível*.

Perdoar: um atalho para a impassibilidade

Esta é outra coisa que o perdão traz: a capacidade de manter a calma e o poder diante de um ataque.

Eu lembro quando estava a caminho do aeroporto depois da minha experiência no evento *40 Years of Zen*. Todos os participantes ficamos tão próximos que decidimos manter contato.

A caminho do aeroporto, vi que Matt tinha postado uma mensagem no nosso grupo.

Era um meme que dizia:

IMPASSÍVEL
DEFINIÇÃO – (adj.) Quando você está verdadeiramente em paz e conectado consigo mesmo, nada que qualquer pessoa diga ou faça pode aborrecer você, e nenhuma negatividade ou problema pode te alcançar.

Ele escreveu uma legenda para a imagem. "Acho que todo esse perdão nos tornou impassíveis!"

Eu sorri. E concordei plenamente.

Pessoas impassíveis não nascem assim. Pessoas casca-grossa amadurecem com experiências turbulentas de vida, coragem, sangue, suor, lágrimas e um compromisso inquebrantável com o perdão.

Então é isso que o perdão dá como presente de despedida, juntamente com lições de vida inesquecíveis. Mas, quando falo sobre o perdão, não me refiro só às pessoas que pintaram sua vida com traumas e mágoas. Também temos que encarar o autoperdão. Isso já é outra coisa.

Você precisa se perdoar?

O autoperdão é ainda mais difícil.

Muitos de nós carregamos arrependimentos secretos e autoaversão como pedras em nossos sapatos, mesmo sem perceber. Com o passar do tempo, esse perdão não concedido vai ter um impacto enorme na sua autoestima.

Veja. Se você cometeu um erro, aprendeu a lição e se comprometeu a não repetir esse erro, você merece o seu próprio perdão. Ponto.

Pode deixar para lá. Todos nós fazemos besteira, e isso não faz de nós pessoas ruins. Nossos erros não precisam nos definir. Nossas ações condenáveis não fazem de nós pessoas condenáveis por natureza. Apenas lembre-se: o melhor pedido de desculpas a qualquer outra pessoa e a você mesmo é a *mudança de comportamento*.

Ao ler o protocolo do perdão, saiba que ele existe para ajudar você a se perdoar também.

Quando ficar bom nisso, pode começar a tirar aquelas pedrinhas do seu sapato ou os pedregulhos enormes de mágoa da sua mochila metafórica. Seja esquecendo a grosseria que o garçom fez com você no jantar de ontem, perdoando-se por uma grande traição ou abandonando as alfinetadas por ressentimentos guardados contra aqueles que você ama, os benefícios de perdoar são infinitos.

Repito: você não está perdoando ninguém nem fazendo nada por ninguém além de si mesmo. Lembre-se disso.

Sem mais delongas, esse é o protocolo do perdão que desenvolvi para as Seis Fases. É inspirado no Dr. James Hardt e aprimorado pela equipe de Dave Asprey em *40 Years of Zen*.

Então, seja gentil com você, sem pressa, e permita que suas habilidades de perdão se aprofundem com o tempo.

O protocolo "A paz pelo perdão"

Primeiro passo – Identifique a pessoa
ou o ato para perdoar

Escolha a pessoa ou o ato que você gostaria de perdoar.

Se estiver fazendo isso pela primeira vez, comece com alguma coisa pequena. O perdão é como um músculo: você precisa fortalecê-lo antes de começar a pegar pesado. Eu escolheria uma pessoa que eu amasse muito mesmo, como um cônjuge ou filho, e a perdoaria por algum tipo de aborrecimento de rotina. A partir daí, com a prática, você pode ir se aproximando de eventos mais importantes e traumáticos que acompanharam você por anos. Mas vamos chegar lá.

Lembre-se: você também pode escolher perdoar seu eu mais jovem por algo que fez no passado. Isso pode ser tão transformador, se não mais, quanto perdoar alguém.

Segundo passo – Crie o espaço

Escolha um lugar relaxante e que traga conforto em sua mente para permitir que o processo de perdão aconteça.

Você pode escolher um lugar real, como o quintal da sua casa ou a sala de estar, ou pode imaginar um lugar (por exemplo, uma praia na Costa Rica). Pode até ser a sua versão do paraíso ou um local sagrado de adoração. Traga essa pessoa à mente e visualize-a de pé à sua frente nesse cenário. Lembre-se de que você está em segurança e nada de ruim pode acontecer nesse palco imaginário e teatral. Tudo isso está acontecendo na segurança da sua mente.

Terceiro passo – Leia a acusação

Imagine que convida a pessoa, ou a representação do ato, para seu espaço seguro. Você está prestes a ler a acusação, como se fosse um juiz no tribunal.

Por exemplo, você pode recitar os males causados assim: "[insira o nome], você me causou dor e sofrimento por [insira o mal]".

Seja formal, profissional e imparcial, mas tente incluir os detalhes também. Leia como se fosse um advogado de verdade falando no tribunal. Diga tudo, incluindo por que você acha que o mal causado foi tão ruim. Não deixe nada de fora.

Este é um exemplo de uma acusação que li quando estava perdoando um ex-diretor da minha escola por me castigar quando eu era criança:

Eu tinha esquecido minha bermuda para a aula de Educação Física naquele dia. Você queria abusar do seu poder e acabou me escolhendo. Eu só tinha catorze anos. Era uma criança. Meu único erro foi esquecer de colocar minha bermuda na mochila. Mesmo assim, você me obrigou a ficar sob o sol quente na quadra de basquete por três horas. Meu professor teve que pedir para você parar. Eu era um bom aluno e tinha ótimas notas. Suei ao sol até quase desmaiar. Perdi todo o respeito por você. Perdi todo o respeito pela minha escola. O castigo precisa ser compatível com o crime. Você não pode punir um garoto desse jeito.

Quarto passo – Sinta a raiva e a dor

Depois de ler a acusação, pare um instante para sentir a raiva, o ressentimento e a tristeza que essa pessoa trouxe para você.

Permita-se expressar também: grite, berre, chore, xingue... Faça o que tiver que fazer para levar todos esses sentimentos ao auge. (Não se preocupe, isso só vai agravar sua dor temporariamente. Sabe quando você tensiona o punho? Você só vai sentir o relaxamento total ao soltar se apertar de verdade para fechá-lo.) Você pode programar um alarme para durar dois minutos, se achar mais seguro. Depois, respire fundo e escolha abandonar o sentimento.

O objetivo aqui é não os guardar. É colocá-los para fora e depois curá-los.

Quinto passo – Identifique as lições que você aprendeu

Segundo Rumi, "uma ferida é o lugar por onde a luz entra". Isso significa que existe valor a ser tirado de cada experiência que parece negativa. Então, o que você aprendeu com essa situação?

Por exemplo: "Com essa experiência dolorosa, aprendi a estabelecer limites saudáveis e acabar com meu vício em agradar as pessoas" ou "aprendi que sou muito mais forte e resiliente do que julgava ser".

Quando conseguimos identificar as lições que nos tornaram pessoas melhores nas adversidades, ressignificamos nosso sofrimento. Esse passo dá outro sentido e valor à dor, abrindo o caminho para seguirmos em frente, livres de ressentimentos. Meu amigo Michael Beckwith diz que isso é um momento "kensho", que pode ser traduzido como "crescimento pela dor".

Sexto passo – Pense no sofrimento que a outra pessoa possa ter vivido no passado

Pessoas magoadas magoam pessoas. Então, como essa pessoa sofreu no passado? O que aconteceu com ela que possibilitou esse comportamento ruim em relação a você?

No meu caso, por exemplo, "[inserir nome] me magoou dessa forma por causa da própria falta de autoestima, que ele tem desde a infância, quando sofria bullying na escola. Era autossabotagem".

Deixe seus pensamentos fluírem. As pessoas raramente nascem más, e refletir sobre a história delas vai ajudar você a ligar os pontos e alcançar uma compreensão racional.

Se essa parte for complicada, pensar nessa pessoa como a versão mais jovem dela pode ajudar. Visualize-a parada na sua frente como uma criança. O que poderia ter acontecido de tão grave com ela para que internalizasse que esse comportamento era o correto?

Quando visualizei o diretor da escola que me castigou com tanta crueldade quando criança, me lembrei de que ele tinha sido um levantador de peso. Talvez ele tivesse um treinador que o pressionava demais. Talvez ele achasse que estava me tornando mais forte ao me pressionar também. Quando o visualizei como um garoto, quem sabe com um treinador abusivo, comecei a entender de onde vinha tanta rigidez.

Sétimo passo – Veja a cena pelos olhos deles

Nesse passo, você vai precisar imaginar que tem o superpoder de ler mentes. Imagine que está deixando seu corpo e flutuando direto para o da outra pessoa. Veja o cenário pelos olhos dela.

Qual pode ter sido a linha de pensamento dela para explicar por que ela fez o que fez com você? Como ela se sentiu enquanto fazia isso? Será que ela nem cogitou que as ações dela poderiam fazer você sofrer? Como ela enxergava você na época?

Mais uma vez, é muito útil imaginar que a pessoa é uma criança. O que ela testemunhou ou vivenciou que pode ter feito com que agisse dessa maneira enquanto pessoa adulta e imperfeita?

Você não precisa justificar nem concordar com as ações, de forma alguma. Apenas se coloque no lugar dela e sinta isso da melhor maneira possível. É aqui que a empatia entra e a distância desaparece. Somos todos humanos, estamos todos conectados, e todos somos imperfeitos de alguma forma.

Oitavo passo – Transforme o perdão em amor

Eu sei que este passo pode parecer cafona, mas foi premeditado. Quando perguntei aos cientistas do Biocybernaut Institute como saberíamos se realmente perdoamos alguém, eles disseram: "É difícil ter certeza, mas a melhor forma de descobrir seria com um abraço. Se você visualizou essa pessoa à sua frente enquanto meditava e se sentiu confortável com a ideia de abraçá-la, provavelmente transformou o perdão em amor".

Então se pergunte se você é capaz de visualizar essa pessoa no seu espaço seguro com amor suficiente para abraçá-la. Se estiver com dificuldade, pode ajudar se a visualizar como uma criança de novo; uma criança inocente e perdida, que não sabia o que estava fazendo. Aí abrace a criança, sabendo que você está em um lugar seguro. Nessa altura, você deve estar se sentindo mais leve.

Agora, você curou a si mesmo, não os outros. Removeu uma cicatriz cármica, talvez enorme, de si. Se fôssemos medir suas ondas cerebrais agora, veríamos um aumento drástico nas suas ondas alfa e na coerência entre os lados esquerdo e direito do cérebro.

Se a questão que precisa de cura for muito dolorosa, pense em ficar com a mesma pessoa na Fase 3 todos os dias pelas próximas semanas. Mas pode ter certeza de que vai conseguir perdoá-la com o tempo. Você colhe o que planta. Se a sua intenção for pura, se o seu desejo for perdoar de verdade, você vai conseguir. Confie em mim.

Não estou dizendo que esse processo é fácil. Não é para ser.

E já aviso aqui e agora que essa é, de longe, a fase mais desafiadora de todas na Meditação de Seis Fases. Fazer isso requer muita força, e a maioria das pessoas nem se dá ao trabalho de tentar. Mas agora você já sabe por que vale a pena ser a pessoa madura que tenta. Agora você já sabe que é o perdão que liberta você da dor que te afasta de ser sua melhor versão.

Como Rumi disse uma vez: "Oh, se não suportais o atrito, como vos tornareis um diamante lapidado?".

Por isso, aceite os atritos causados pelas asperezas da vida, com todos os humanos falhos e imperfeitos que acompanham você nessa jornada.

Porque então, e só então, você poderá sair e brilhar para o mundo todo ver.

―

Antes de passar para o próximo capítulo, abra seu aplicativo Mindvalley e comece o programa de Meditação de Seis Fases. Você pode pular para a lição interativa completa da Fase 3: A paz pelo perdão. Ela tem poucos minutos de duração e recapitulará alguns dos pontos mais importantes que vimos neste capítulo. Quando concluir, pode passar direto para o áudio da meditação, no qual guiarei você pelo protocolo da gratidão. Não levará mais do que cinco minutos, mas ajudará você a absorver a terceira fase da prática.

Bônus: o curso de Meditação de Seis Fases que acompanha este livro também inclui um vídeo bônus, no qual ensino uma técnica baseada na intuição para ajudar você a avaliar se e quando acabou de perdoar alguém. Assim, você saberá quando avançar para o próximo item da sua lista de perdão.

CAPÍTULO 4

FASE 4

Uma visão para o seu futuro

*Tudo o que temos
a decidir é o que fazer com o
tempo que nos é concedido.*

GANDALF, O SENHOR DOS ANÉIS

Eu tive um sonho.

Claro, não era nada no nível de Martin Luther King, mas era um objetivo bastante glorioso para mim.

Eu, Vishen Lakhiani, queria representar meu país, a Malásia, em um torneio internacional de taekwondo de alto nível.

Foi em 1993, e eu tinha dezessete anos. Na época, eu gostava muito de artes marciais, devoto das divindades supremas: Bruce Lee e Jean-Claude Van Damme (que na época tinha acabado de estrelar o filme *Kickboxer*). Eu era o tipo de garoto que mal conseguia conversar na escola, e, como implicaram comigo a vida toda, meu pai, como qualquer bom pai, decidiu me matricular no taekwondo (também conhecido como caratê coreano) para que eu pudesse distribuir uns chutes.

Como isso me deu um novo senso de autoconfiança, não demorou muito para o taekwondo se tornar minha obsessão. Eu treinava no jardim todos os dias, chutando descalço nosso mamoeiro, igual Jean-Claude Van Damme no seu papel icônico em *Kickboxer*. Eu, é claro, nunca consegui derrubar aquele mamoeiro e normalmente desistia ao primeiro sinal de dor aguda, mas ninguém poderia dizer que eu não estava empolgado.

Até que, um dia, meu instrutor de artes marciais me deu a notícia mais emocionante da minha vida até então: o US Open 1993, no Colorado, teria uma grande competição de taekwondo no final do ano, e eu poderia tentar representar nosso país.

Primeiro, eu teria que vencer todos os meus colegas em uma competição de quebramento de tábuas. Depois da seleção, eu competiria contra todos os outros lutadores importantes do país nas fases nacionais. Se eu conseguisse o ouro nas duas fases, teria a chance de ser selecionado para lutar no US Open.

Eu nunca tinha pisado nos Estados Unidos, e dizer que era meu maior sonho é pouco. Os EUA eram uma meca para mim. Muitas vezes, eu me via sonhando acordado sobre como seria: a terra das celebridades de Hollywood, MTV, Coca-Cola, hambúrgueres...

Para aumentar ainda mais o encanto, meu instrutor disse que daria uma viagem à Disney para os finalistas.

Essa foi a pá de cal. Eu *precisava* ganhar aquela competição. E em pouco tempo se tornou a maior obsessão do meu cérebro de dezessete anos.

Enquanto meus amigos só tinham cabeça para garotas e videogames, eu aprofundava meus estudos sobre as filosofias da visualização criativa. Naquela época, já era um nerd da manifestação.

Minha obsessão por meditação e visualização criativa começou quando descobri um livro chamado *O método Silva de controle mental* na estante de meu pai. José Silva, o autor que mencionei anteriormente, desenvolveu um método poderoso para treinar seu cérebro a alcançar estados de relaxamento antes de visualizar os resultados desejados.

O Método Silva foi um dos primeiros e mais populares programas de crescimento pessoal nos Estados Unidos e era tão grande na década de 1980 quanto Tony Robbins ou quanto a Mindvalley é hoje.

Munido do meu conhecimento básico sobre o Método Silva, comecei a praticar. Virei o especialista adolescente em visualização criativa. Cerca de dez meses antes da competição, eu sentava três vezes ao dia, todos os dias, para ver meu sonho acontecer. Eu via tudo. Eu me via desembarcando nos Estados Unidos e inspirando o ar americano, que eu supunha ser cheio de grandiosidade e possibilidades. Eu me via indo cheio de marra para o centro de treinamento, com meu uniforme de taekwondo. Eu me via banhado por atenção com aquelas luzes cintilantes e aplausos me cercando, enquanto marchava para o ringue a fim de enfrentar meu oponente – "MALÁSIA" costurado com carinho nas costas do meu uniforme sem nenhum vinco.

O dia enfim chegou. Era hora de estraçalhar a primeira fase, literalmente: a competição de quebramento de tábuas. Nesse estágio, você tinha que encarar três seres humanos faixa preta segurando três tábuas de madeira. As regras eram claras: quebrar todas as três tábuas de cinco centímetros de espessura com um só chute, no menor tempo possível.

Eu competiria contra meus colegas de turma, meus amigos. Mas, naquele dia, eles não eram meus amigos. Eu não teria piedade. A Disney estava em jogo.

Eu ouvi o apito.

Respirei fundo. Sabia que tinha poucos segundos para quebrar cada tábua e estava mais pronto do que nunca. Eu levantei meu pé com elegância, quase como em câmera lenta, e lancei minha melhor imitação de um *heia* bem agudo, estilo kung fu!

BUM.

BUM.

BUM.

Pronto. Eu cravei o pé como um ninja, e a madeira continuou intacta. Mas isso não me abalou em nada. Eu tinha certeza de que iria quebrar. Ia ser como uma daquelas cenas épicas de filmes de samurai, em que o guerreiro parte seu inimigo em dois, só para ver os pedaços caírem para os lados segundos depois, devagarinho.

Quando isso acontecesse, as partes da tábua cairiam no chão, e eu me deleitaria em aplausos entusiasmados.

Dez segundos depois, a madeira ainda estava inteira. O apito soou novamente.

Eu estava fora.

Não consegui fazer nem uma rachadura naquelas tábuas. Encarando meu pé direito como se fosse um rato morto na ponta da minha perna trêmula, saí da sala com o rabo entre as pernas.

Eu tinha sido eliminado sem nem passar do primeiro estágio.

Envergonhado, estava pensando seriamente em nem comparecer às etapas nacionais para apoiar meus colegas de equipe que conseguiram, sim, quebrar as tábuas.

E o pior: minha fé na visualização criativa foi embora. Ela tinha me deixado na mão no meu objetivo mais desejado. Mas a história não acaba aí. Eu estava prestes a descobrir a primeira lição da visualização criativa.

Lição 1: Desapegue-se do "como". Em vez disso, concentre-se no "o quê" e no "por quê"

Eu supus que o que me levaria ao meu objetivo de ganhar o campeonato era o "como" (eu quebrando aquela tábua de madeira na primeira tentativa), que me levaria à próxima fase e assim por diante. Mas não consegui.

Eu mal sabia que estava prestes a aprender que, desde que você se concentre no "o quê" (chegar ao US Open) e no "por quê" (porque era minha paixão), o "como" aconteceria sozinho. E o "como" acabou sendo um episódio de sorte que ninguém teria imaginado.

Depois de passar de mau humor a semana mais triste dos meus dezessete anos, finalmente consegui aceitar meu destino. Tinha chegado a hora de ser um bom companheiro de equipe. Acabei sentado sozinho no estádio para ver os melhores competidores da Malásia lutarem por uma vaga no US Open. Ainda bem.

Lá estava eu, cabisbaixo, assistindo dos bastidores e torcendo por Daniel, um dos meus companheiros de equipe na época. Ele tinha acabado de fazer uma luta incrível, que com certeza iria garantir a vaga dele no US Open. Ele se parecia comigo em altura e porte – e tinha chegado até ali. Mas, para minha surpresa, ele veio mancando na minha direção no final da partida.

"Vishen, acho que machuquei meu pé."

Não acreditei! Sério?

"Minha próxima prova é a rodada de quebramento de tábua, mas estou sentindo que tenho uma fissura. Se eu quebrar a tábua, aí mesmo vou terminar de estragar meu pé."

Eu balancei a cabeça em silêncio.

"Você poderia ir no meu lugar?"

Espera, quê?

"É só para quebrar a tábua, Vishen. Você trouxe seu uniforme de taekwondo?"

Pior que sim. Eu tinha colocado na mochila naquela manhã, como fazia todos os dias. Eu tinha assistido a muitos desenhos do Super-Homem e imaginava que também poderia salvar vidas ou prender um bandido com meu uniforme branco de taekwondo algum dia. Sempre tinha esse sonho em que estava andando na rua e via uma velhinha indefesa ter sua bolsa roubada por um ladrão. Ao testemunhar essa atrocidade, eu corria para a cabine telefônica mais próxima, trocava de roupa rapidinho e saía vestido a caráter, pronto para dar uma surra no ladrão e salvar a bolsa da vovó. Juro.

Em todo caso, eu tinha ido preparado.

Quando vi, estava todo equipado para representar minha equipe no campeonato de taekwondo da Malásia, sendo que nem deveria estar naquela competição para começo de conversa. E, mais uma vez, diante de três tábuas de madeira.

Na minha mente, elas zombavam de mim. "Hahahahaha!", elas riam com aquelas caras de pau irritantes. "Acha que consegue nos quebrar, é?"

Mas eu era um misto de otimismo e ousadia. Não sabia o porquê, mas o Universo tinha me dado uma segunda chance.

O apito soou. Respirei fundo, *heia* agudo!

CHUTE.

CHUTE.

CHUTE.

Daquela vez, ouvi aplausos.

Eu me virei para ver minha arte.

Primeira tábua: quebrada.

Segunda tábua: quebrada.

Terceira tábua: intacta.

Um segundo depois, ouvi um rangido lento. Terceira tábua: quebrada!

Eu tinha quebrado o recorde de tempo em todo o evento, com 52 segundos. E, para minha alegria, ganhei a medalha de ouro ao lado de Daniel.

Nós dois iríamos para o campeonato de taekwondo no US Open de 1993.

De acordo com os defensores da visualização criativa, a prática muitas vezes pode trazer sincronicidades e "coincidências" inesperadas, que permitem que seus desejos se manifestem apesar das circunstâncias. Por isso, mesmo que eu tivesse falhado na primeira vez, alcancei o que vinha visualizando, no final. Eu quebrei a madeira e estava indo para o US Open. Só não consegui a vitória do jeito exato que eu esperava. O "como" acabou se resolvendo sozinho.

Um caminho totalmente novo para o meu "o quê" – chegar ao US Open – se abriu para mim.

E aí eu tive uma epifania: não tinha por que ficar obcecado pela maneira como conquistaria meus objetivos.

Cheguei ao US Open pronto para o momento da verdade.

E lá eu aprenderia a segunda lição da visualização criativa.

Lição 2: Seja muito claro sobre o que você deseja

No US Open em Colorado Springs, tinha chegado a hora de eu realmente competir contra outro humano, em vez de uma tábua de madeira indefesa em um sparring. Era isso. Meu sonho estava se tornando realidade!

Eu me aproximei do ringue com confiança. Mas, quando vi meu oponente, meu coração despencou do peito.

Eu iria enfrentar Glenn Rybak, o campeão nacional holandês.

Legal para c@r*lh0, ironizei comigo mesmo.

Se você conhece alguma coisa sobre os holandeses, sabe que eles estão entre as pessoas mais altas do mundo. E, se sabe algo sobre taekwondo, sabe que, mais do que tudo, é a arte do chute. Então, se suas pernas são como as de uma girafa sensual, você já começa com uma vantagem.

Lá estava eu, cara a cara – ou devo dizer cara a peito – com Glenn Rybak. Quando estava prestes a mostrar para ele meu melhor golpe, com a adrenalina correndo solta nas veias, ouvi o apito.

"Garoto, você não pode entrar aí de óculos!", o árbitro gritou enquanto me conduzia para fora do ringue.

Esqueci de mencionar que, naquela época, eu usava óculos. E confie em mim: não tinha nada a ver com estilo. Eu precisava deles. Era míope, com grau beirando o *menos setecentos*. Se tirassem meus óculos de mim, eu estaria ferrado.

"Eu entendo, juiz, mas estes são óculos esportivos... Eles não quebram...", implorei.

"Não, garoto. Pode ser que na Malásia não tenha problema, mas aqui tem. Nos Estados Unidos, todo mundo processa todo mundo por qualquer coisa. Esse negócio pode quebrar e cegar você, e você pode nos processar por milhões de dólares. Não podemos correr esse risco."

Eu fiquei pálido.

Parecia um zumbi.

Mas obedeci.

Voltei para o ringue, meio cego, e ouvi o apito. Estufei o peito, e a silhueta do Homem-Girafa começou a se mexer na minha frente. Pelo menos, parecia que ele estava na minha frente: poderia estar à esquerda, ou mais à direita, ou pairando no ar, até onde eu via. Não conseguia enxergar nada. Alguns segundos depois, enquanto me esforçava muito para descobrir onde as pernas dele estavam... POW. Eu caí no chão.

Parte humano, parte gigante, o alcance (e força) da perna daquele cara era absurdo.

Eu consegui ficar em pé, cambaleando. Nem tinha terminado de me erguer, mas se eu só conseguisse... POW.

Antes que pudesse concluir um pensamento corajoso, me tornei oficialmente o nocaute mais rápido no campeonato de taekwondo no US Open de 1993. Trinta e seis segundos.

Tive que sair em uma maca.

Quando acordei no hospital, fiquei um tempo refletindo sobre o acontecido.

O que deu errado?

Se, pelas leis da atração e visualização criativa, "o que você vê é o que você recebe", por que isso aconteceu?

Era simples. Aconteceu daquela forma porque foi para isso que eu me preparei.

Eu recebi exatamente o que tinha visualizado.

Quando estava em casa, me preparando para a estada nos Estados Unidos, eu me via quebrando a tábua. Eu me via colocando o uniforme com a palavra "MALÁSIA" costurada nas costas. Eu me via entrar no ringue com confiança. Via aquelas luzes na minha direção. E consegui tudo isso.

Só gostaria de ter me visto saindo do US Open andando, em vez de carregado em uma maca!

Assim, essa foi a segunda lição da visualização criativa. Seja muito, muito específico no que você visualiza.

Não aprenda essa lição pela via mais difícil, como eu aprendi. Você deve visualizar seu objetivo sendo alcançado até o fim e declarar: "Que isso ou algo ainda melhor se manifeste".

Porque, sim, eu já tinha me visto entrando no ringue, mas nunca minha performance nele, como me sentiria nele ou sairia dele.

Fiquei tão perplexo com a ideia de chegar ao US Open que não me preocupei em refletir sobre o que queria da experiência.

Cuidado com o que você deseja: pesquisas indicam que você vai conquistar

Alguém já disse para você ter cuidado com o que deseja? Ou talvez tenham alertado você sobre o pessimismo, que pode acabar levando à criação de uma "profecia autorrealizável"?

Bem, isso tem um quê de verdade. Porque esse negócio é uma via de mão dupla. Se você pensa o tempo todo em algo e se convence de que vai acontecer, geralmente acaba acontecendo – seja bom ou ruim.

E há pesquisas para comprovar.

O que a ciência está começando a enxergar é que a visualização criativa é um dos segredos mais bem guardados de todos os tempos no que se refere a moldar o mundo ao seu redor.

Atletas usam isso há décadas, antes de ser modinha. Eles sabiam que o corpo responde ao que o cérebro visualiza. Em um estudo realizado com jogadores de basquete[26], o Dr. Biasiotto, da Universidade de Chicago, comprovou o poder da visualização criativa. Ele testou dois grupos de jogadores: um treinava arremessando em cestas de verdade e outro apenas visualizava o mesmo treinamento. Ele descobriu que a porcentagem de melhora entre os dois grupos variava em apenas 1%!

Sim, os jogadores que apenas se visualizavam treinando tinham uma pontuação tão boa quanto os jogadores que praticavam em quadra.

Visualizar seu próprio desempenho é uma preparação quase tão infalível quanto fazer a coisa de fato, por várias razões. Estranho, não é?

Fica mais estranho ainda. Um estudo[27] conhecido como "experimento de abdução do dedo" mostrou que, se você pegar dois grupos de pessoas, um deles exercitando os dedos com movimento de agarrar e outro apenas visualizando o mesmo movimento, os dois grupos alcançam o mesmo aumento de força muscular.

Pense nisso por um instante.

Ver a si mesmo se exercitando, no conforto do seu sofá, tem um efeito nos seus músculos muito parecido ao que teria se fosse à academia.

Dá um nó na mente, não dá?

Isso é visualização criativa.

Você também consegue se curar através da mente. Já ouviu falar na terapia da imagem? José Silva, o homem que escreveu *O método Silva de controle mental* (o mesmo livro que me inspirou a usar a visualização criativa para chegar ao US Open), testou essa teoria e provou[28] que esse processo acelera os mecanismos naturais de cura do corpo.

O Dr. O. Carl Simonton, um especialista em radiologia e oncologia mundialmente conceituado, afirmou o seguinte: "o sistema Silva, na minha opinião, é a ferramenta mais poderosa que posso oferecer aos pacientes".

Esse foi o mesmo médico sensacional que apresentou a técnica da visualização para 159 pacientes com câncer "incurável". Eles tinham recebido o prognóstico de doze meses de vida. Depois de usar a visualização criativa[29], de todos os participantes:

- 63 estavam vivos e bem
- 14 não apresentavam sinais de câncer
- 12 tiveram regressão do câncer/redução de tumores
- 17 estavam estáveis

Além disso, a taxa média de sobrevida dobrou para 24,4 meses. Todos esses resultados impressionantes apareceram apenas quatro meses após o início do experimento.

Felizmente, nunca precisei encarar a tarefa de me curar de um câncer. Mas consegui curar minha pele com visualização criativa.

Quando era adolescente, tinha um problema sério: tantas espinhas que perdia a conta. E isso impactava demais a minha confiança. Durante cinco anos, vários dermatologistas tentaram me ajudar com todo tipo de soluções milagrosas, mas nenhuma funcionou.

Aí comecei a usar a visualização criativa, o processo que aprendi no livro de José Silva, para me curar. E consegui. Em cinco semanas.

Cinco anos de sofrimento terminaram em cinco semanas graças ao simples ato de pensar em pele lisa. Não preciso nem dizer que isso foi a cereja no bolo. Eu mesmo me autoproclamei um milagre e me tornei para sempre um fã incondicional do Método Silva.

Na verdade, até tenho um curso disso na Mindvalley, chamado Método Silva Ultramind. É uma versão atualizada do protocolo, baseada nas últimas descobertas do José antes de sua morte, em 1999. A família dele me pediu para ser o rosto desse programa atualizado a fim de divulgá-lo ao maior número de pessoas possível. O Método Silva agora é oficialmente parte da Mindvalley e um dos nossos programas mais populares.

Além dos resultados milagrosos e quase imediatos que ela pode causar na sua vida (você terá que ver com seus próprios olhos), a visualização criativa também:

1. Ativa seu subconsciente criativo, que vai começar a criar novos planos para ajudar você a atingir seus objetivos.
2. Reprograma seu cérebro para ser mais aguçado e sensível a quaisquer sinais ou recursos que possam ajudar você a realizar seus sonhos mais rapidamente (vamos entender isso melhor no próximo capítulo: o sistema de ativação reticular).
3. Aumenta seus níveis de motivação interna para que possa agir ativamente na direção do futuro que deseja.
4. Fortalece a neuroplasticidade do seu cérebro[30] (ou seja, sua capacidade de criar caminhos neurais) visando à conquista dos sonhados objetivos.

E aí, pronto para dar uma chance?

A regra dos três anos: construindo sua visão pessoal

Na seção de visualização do futuro na Meditação de Seis Fases, você se concentrará no que deseja atrair nos próximos três anos. Três anos. Esse período não é aleatório, já que nós, humanos, muitas vezes superestimamos o que podemos alcançar em um ano e subestimamos o que podemos alcançar em três.

Muita coisa pode acontecer em três anos.

Você pode fazer uma pós-graduação em Matemática na melhor universidade do mundo.

Pode conhecer o homem ou a mulher dos seus sonhos e trocar alianças.

Pode até largar seu emprego e abrir sua própria empresa em três anos. As pessoas fazem isso o tempo todo.

Já ouviu a frase em inglês *"once in a blue moon"*, que quer dizer "a cada lua azul"? As pessoas a usam para se referir a algo que acontece de vez em quando, porque as luas azuis acontecem apenas uma vez a cada três anos!

Eu diria que três é um número mágico.

De qualquer forma, o ponto principal é que, embora três anos não pareçam uma data muito distante, coisas milagrosas podem acontecer nesse intervalo.

Portanto, a Fase 4 trata de visualizar sua vida dentro desse período. Finja que você é uma criança em uma loja de doces e faça sua escolha.

Você quer um corpo saudável, forte e em forma?

Você quer um relacionamento amoroso apaixonante?

Você quer ter filhos?

Talvez prefira se concentrar no sucesso do seu negócio ou da sua carreira.

Ou ainda pode visualizar outras experiências incríveis, como viajar pelo mundo, conhecer pessoas novas e encontrar a paz interior. Fique à vontade, você decide.

Não há regras aqui, exceto uma: você deve, deve, deve escolher algo que *você* deseja.

Por favor, repare que *você* está em itálico.

Não estamos fazendo tudo isso para realizar os sonhos de outra pessoa, nem regurgitando o que nossos pais e professores nos disseram que deveríamos querer. O estilo de vida linear clássico e bem-sucedido não é o sonho de todo mundo.

Muitas vezes, o que achamos que queremos e o que de fato queremos são duas coisas muito diferentes. Na maioria das vezes, isso acontece por influências sociais opressoras.

Então, como saberemos quais desejos nascem das nossas almas e quais são puro condicionamento?

Quando estiver tentando descobrir se uma coisa é ideal para você, seja um novo emprego ou um novo parceiro, pegue uma caneta e um papel e anote tudo o que quer. Seja específico, seja claro. Anote o que deseja para cada categoria da vida.

O melhor método para fazer isso é escrever um manifesto.

Então, antes de se jogar de cabeça na visualização de algum aspecto sublime da sua vida daqui a três anos, reserve uns minutos para fazer o exercício a seguir.

A técnica do manifesto de vida de Jon e Missy Butcher

Jon e Missy Butcher são dois empreendedores incríveis e pessoas lindas. Foi esse casal poderoso que criou a abordagem Lifebook para estabelecer metas, a qual é reconhecida mundialmente.

Sou muito fã do Lifebook e, depois de fazer o programa em 2010, decidi trazê-lo para a Mindvalley. Jon, Missy e eu nos tornamos sócios, e o Lifebook é o principal método de definição de metas utilizado na plataforma Mindvalley. A técnica do manifesto que você vai ver aqui faz parte dessa abordagem. Simplifiquei e compartilhei para ajudar você a enxergar com clareza sua visão pessoal.

Quando você cria seu Lifebook, revela todos os seus sonhos relacionados a cada aspecto da experiência humana, deixando nada nas mãos do destino. O próprio Lifebook é um programa de dezoito horas, que termina com a criação de um livro de mais de cem páginas, com uma visão e um plano para a vida mais gloriosa possível. Não terei tempo para cobrir todo o currículo aqui, mas vou compartilhar o básico da "técnica do manifesto" trazida por ele a fim de ajudar você a aperfeiçoar a Fase 4.

De acordo com Jon e Missy, uma maneira incrível de identificar e manifestar sua visão de vida é pegar papel e caneta e escrever como seria um dia na vida dos seus sonhos, como um manifesto oficial.

É isso. Só um dia.

Mas antes, para que a visão seja o mais autêntica e verdadeira possível, você deve ter clareza sobre o que deseja nas doze categorias do Lifebook:

Saúde e fitness

Vida intelectual

Vida emocional

Caráter

Vida espiritual

Relacionamento amoroso

Paternidade ou maternidade

Vida social

Finanças

Carreira

Qualidade de vida

Visão de vida

(Essa última categoria é basicamente a soma das onze categorias anteriores. É como sua vida seria se você tivesse todas as outras categorias da maneira como gostaria – ou seja, seu manifesto.)

É importante notar que o processo do Lifebook é incrivelmente detalhado e completo; se feito de forma correta, você passará várias horas em cada categoria ao longo de seis semanas. Mergulhará fundo no que é mais importante para você e nos porquês. Traçará planos e tomará atitudes adequadas para fazer tudo isso acontecer. Mas, ao final das atividades, saberá exatamente quais objetivos almeja em cada aspecto da sua existência.

Então, mais uma vez, se estiver realmente comprometido com isso, a melhor coisa que pode fazer por você é o programa on-line Lifebook. Você pode encontrá-lo em www.mindvalley.com/lifebook.

Quando entender todas as doze categorias do Lifebook, você estará preparado para começar a escrever seu manifesto de visão de vida, com base no seu dia ideal. Mas você deve fazer isso no *tempo presente*, como se estivesse vivendo a vida dos seus sonhos agora.

Para inspirar você, Jon me deu permissão para compartilhar o manifesto dele neste livro.

Ele afirma que "este é o documento que rege nossas vidas. Ele orienta todas as decisões que tomamos e é a principal ferramenta que os Lifebookers usam para alcançar *de verdade* a vida dos seus sonhos".

O MANIFESTO DE VISÃO DE VIDA DO JON
CRIAÇÃO: JANEIRO DE 2017
VENCIMENTO: JANEIRO DE 2022

Eu e Missy alcançamos a simplicidade do lado oposto à complexidade e criamos nossa própria versão do paraíso, bem aqui na Terra.

Vivemos uma vida de luxo, aventura e paixão. Temos a liberdade de fazer o que quisermos, quando quisermos, onde quisermos e com quem quisermos. Temos uma vida extraordinária, de alto nível em todas as áreas importantes. E as horas dos nossos dias são NOSSAS.

A LIBERDADE é nosso valor central. Acordamos todos os dias em nossa bela casa no Havaí e nos perguntamos: "Como queremos que seja este dia? Vamos trabalhar no maior projeto das nossas vidas? Vamos fazer nada? Pintar? Viajar?".

A vida é um PLAYGROUND, uma tela em branco para pintarmos. Vivemos em nossa habilidade ímpar. Trabalhamos apenas com projetos criativos para os quais somos especialmente qualificados. Não perdemos tempo fazendo nada que não tenhamos uma vontade genuína de fazer. Ou seja, nós CRIAMOS: escrevemos, gravamos, projetamos, produzimos e CONSTRUÍMOS.

Nossa qualidade de vida hoje é mais alta do que nunca, e isso é muita coisa! E, apesar disso, custa quase ZERO CENTAVO para mantê-la (dito isso, temos MUITO dinheiro)! Nosso estilo de vida é autônomo, autossustentável e autossuficiente. Temos uma bela horta particular, um frigorífico natural e um oceano que fornece a maior parte de nossa comida. Vivemos fora da cidade, fora do sistema, e não dependemos do governo.

Eu trabalho no meu próprio negócio duas manhãs por semana, e o resto do tempo passo com Missy e meus filhos, estudando, me exercitando, trabalhando em projetos criativos, planejando as atividades do dia seguinte ou o que me der na telha. Passamos muito tempo na natureza... e tornaremos nosso espaço no Havaí cada vez mais bonito ao longo dos anos. Nossa casa é um templo e será a obra-prima da minha vida, então dedicarei a maior parte do meu tempo a esse projeto, de 2022 em diante.

Em 2022, nossos dias têm um fluxo descontraído e leve. São gratificantes e completos. Caminhamos juntos todas as noites. Assistimos a cada pôr do sol juntos todas as tardes. À noite, estamos PREENCHIDOS pelo dia, em vez de drenados por ele. Levamos energia positiva e amorosa para a mesa do jantar. Conversamos sobre coisas significativas.

Nós rimos MUITO. Somos descontraídos, saudáveis, felizes e realizados.

Nossas noites no Havaí são MÁGICAS. Missy e eu temos uma intimidade profunda e uma vida sexual incrível (indescritível, na verdade). É curativa, excitante, aventureira e MUITO DIVERTIDA. Nossa forma física é extraordinária para a nossa idade – QUALQUER idade, aliás! Somos caras-metades, almas gêmeas em todos os sentidos.

Em 2022, dedicaremos muito tempo a ajudar nossos filhos a definirem suas metas e realizarem seus sonhos. Nossos filhos e netos são saudáveis, felizes e CHEIOS DE VIDA. Eles são PESSOAS BRILHANTES: nada os enfraqueceu, porque saímos da corrida desenfreada do sistema pouco antes que o processo de enfraquecimento começasse.

Missy e eu temos uma vida social muito preciosa no Havaí. Não convivemos com NINGUÉM que não amamos, admiramos e respeitamos. Passamos tempo com pessoas fantásticas, que enriquecem nossas vidas e aumentam nossa diversão. Nossos melhores amigos sempre ficam felizes em viajar ao paraíso para nos ver. Investimos muito em nossos amigos. Viajamos com eles e nos divertimos.

Estamos fazendo nosso "trabalho de alma", ajudando outros em tudo o que fazemos e obtendo um lucro proporcional ao valor que criamos. Ajudamos pessoas solteiras, casais e famílias a viverem vidas melhores e realizarem seus sonhos.

TODAS as nossas empresas são AUTOMATIZADAS e estão prosperando mais do que jamais imaginamos. A Lifebook é a principal empresa de desenvolvimento pessoal do mundo, transformando vidas em grande escala. A Purity é uma das empresas de crescimento mais rápido nos Estados Unidos, transformando um setor de US$ 100 bilhões. A Precious Moments leva alegria, conforto e esperança a milhões de pessoas em todo o mundo. A Black Star está ajudando as pessoas a se curarem de vícios. Toda a nossa família está arrasando no Lifebook para Famílias. E o trabalho de nossas vidas converge filosoficamente na JonAndMissy.com. É o portfólio de empresas mais incrível que um casal poderia ter, e não poderíamos estar mais orgulhosos do que criamos!

Missy e eu temos um patrimônio líquido muito alto e nenhuma dívida. Apesar de nossa riqueza, nossa vida financeira é simples, compreensível, organizada e otimizada. Sem esquemas complicados, sem investimentos nebulosos. Cortamos despesas para criar a maior distância DO MUNDO entre nossa receita e nossas despesas fixas, então somos FINANCEIRAMENTE LIVRES! O dinheiro é mais abundante do que nunca; estamos cercados de riqueza e vivendo muito, muito BEM.

Moramos no PARAÍSO. De verdade. Criamos nossa própria visão pessoal do céu na Terra. Somos totalmente centrados. Somos felizes. Somos criativos. Estamos satisfeitos. Somos supersaudáveis. Estamos cheios de energia. Temos uma vida amorosa extraordinária. Temos nossa carreira ideal. Temos abundância financeira. Temos um relacionamento sensacional com cada um de nossos filhos. Temos amizades incríveis. DESCANSAMOS muito e aproveitamos a vida, sem sentir qualquer vestígio de culpa pelo imenso tempo livre que temos...

E isso faz todo o sentido, porque nossa VIDA é o nosso trabalho.

Jon me contou que escreveu esse belo manifesto cinco anos atrás. E adivinha?

Jon e Missy estão vivendo cada palavra dessa vida *hoje mesmo*.

Se isso não for uma inspiração, não sei o que seria.

Bem, quando você tenta escrever um manifesto como esse, é bem provável que acabe focando o que está no centro das suas atenções no momento da escrita e ignore o que pode ser ainda mais importante. É que o que você precisa ainda não está no seu radar.

Por exemplo, você pode se ver sendo seu próprio chefe, mas não se enxerga como alguém saudável.

Pode se ver com um saldo bancário de seis dígitos, mas se esquece de se enxergar em um relacionamento feliz.

Por outro lado, você pode se ver morrendo de amores por alguém, mas se esquecer de dedicar um pouco de força mental às suas finanças.

Você deve apontar para todos os lados. E, para ajudar você a identificar qualquer lacuna na sua visão, Jon e eu criamos uma avaliação simples, de vinte minutos, que você pode fazer agora mesmo. Depois de responder a todas as perguntas, ele vai gerar um relatório para informar onde você está zerando a vida (e o que está negligenciando) nas doze categorias.

Você pode fazer essa avaliação a qualquer momento em life.mindvalley.com. É grátis.

Então, resumindo, para esclarecer sua visão de vida para a Fase 4:

1. Faça a avaliação em life.mindvalley.com.
2. Reserve um tempo e escreva seu manifesto de vida.
3. Use o que você escreveu em seu manifesto para guiar sua visualização diária na Fase 4.

É assim que a Fase 4 vai se desenrolar na Meditação de Seis Fases.

O protocolo "Uma visão para o seu futuro"

Primeiro passo – Escolha suas metas para o futuro

Vou presumir que você já escreveu os objetivos que deseja alcançar no seu manifesto (ou pelo menos pensou neles).

Essas metas podem incluir:

- Viajar pelo mundo
- Encontrar o amor da sua vida
- Comprar a casa dos seus sonhos
- Tornar-se fluente em uma língua estrangeira
- Ter seu próprio negócio
- Alcançar a independência financeira
- Ter filhos/adotar
- Fazer paraquedismo/escalada/corrida para apoiar uma instituição de caridade
- Curar-se de uma doença
- Tornar-se professor, coach ou mentor

A ideia é que escolha as metas que deseja alcançar daqui a *três* anos, lembra? Seja audacioso e não se justifique acerca do que quer, assim como fizeram Jon e Missy.

Segundo passo – Levante sua tela mental

Ao começar a meditar na Fase 4, você deve imaginar que há uma tela de TV gigante na sua mente e você está assistindo a tudo como se fosse um filme.

Você deve imaginar que a tela está um metro e meio à sua frente, quinze graus acima da linha do horizonte. Foi o que a pesquisa de José Silva descobriu ser mais eficaz.

Sei que isso é bem específico, mas existe uma boa razão para usarmos essa técnica. Veja, foi comprovado que, se você ficar olhando ativamente além das suas pálpebras, com as pupilas apontando um pouco para cima, seu cérebro começa a produzir ondas alfa. E estados alterados de consciência são exatamente o que queremos acessar para maximizar os efeitos da visualização criativa.

Portanto, desligue seus aparelhos elétricos. Olhos para a frente e para cima, pessoal. O filme está prestes a começar. (E vai ser o melhor filme que você já viu.)

Você vai ver aquelas palmeiras balançando com a brisa, bem como aquelas gotículas de água no seu copo de *piña colada* na praia do Havaí.

Você vai ver aquele filhote de cachorro fofo, que você sempre quis, lambendo seu nariz. Como se estivesse assistindo a uma versão menos caótica de *Marley e eu*.

Deu para ver aonde eu quero chegar (literalmente). Não importa o que você escolha ver, mesmo que seja uma meta para daqui a três anos, você vai sentir todas as emoções que sentiria como se esse filme fosse real e estivesse acontecendo agora. Isso nos leva ao terceiro passo.

Terceiro passo – Sinta tudo com seus cinco sentidos

Quanto mais sentidos você usar, melhor.

Agora é hora de se perder na visualização criativa. Veja, ouça, saboreie, cheire e sinta seus sonhos se desenrolarem com perfeição.

Quando você usa todos os seus sentidos na visualização criativa, ela gera um sentimento; cria sentimentos de alegria, gratidão, empolgação, paz, conforto e entusiasmo. E, de acordo com José Silva, se você agarrar essas emoções, estará no caminho certo para vencer. Quando você sente as mesmas emoções que sentirá quando esses sonhos se tornarem realidade, está preparando seu cérebro e o Universo para te dar o que você deseja.

Para pontos extras de manifestação, não se esqueça de pensar em como a conquista dos seus objetivos também impactaria positivamente outras pessoas.

Isso é sonhar acordado da melhor forma possível (e da mais agradável também). Portanto, respire fundo e deleite-se com o prazer de experimentar seus objetivos se manifestando antecipadamente.

Agora é sua vez de mandar ver com os efeitos poderosos da visualização criativa.

Sinceramente, o crédito por todos os meus maiores sucessos é das visualizações criativas. Isso me trouxe bem aonde estou hoje. Visualizei minha mudança para os Estados Unidos a fim de seguir meus sonhos; minha empresa, a Mindvalley, atingindo US$ 100 milhões em receita; meus dois lindos filhos, que amo muito, ainda antes de nascerem. Isso funciona.

Então vá com tudo...

Não subestime o que você é capaz de alcançar.

Dane-se o realismo.

A maioria das pessoas é realista, o que é compreensível. *Realista* soa como *real*, e todo mundo quer "ser realista". É legal ser, e não tenho dúvidas de que os realistas acham que essa é a maneira mais inteligente de viver suas vidas.

Mas é uma armadilha gigante de autossabotagem, porque, ao serem "realistas", as pessoas avaliam sua realidade como é agora e baseiam o futuro nela. É a ideia do "se aconteceu assim antes, vai acontecer assim de novo", o que é muito limitante.

Há algum tempo, não muito, as mulheres não tinham o direito de votar. Você acha que as sufragistas teriam chegado a algum lugar se não fosse por sua *irrealidade*?

Para termos qualquer tipo de progresso, precisamos de pessoas visionárias, não realistas.

Por isso, incentivo você a sonhar o mais alto que puder. É como Richard Branson disse uma vez:

Se seus sonhos não te assustam, são pequenos demais.

Antes de passar para o próximo capítulo, abra seu aplicativo Mindvalley e comece o programa de Meditação de Seis Fases. Você pode pular para a lição interativa completa da Fase 4: Uma visão para o seu futuro. Ela tem poucos minutos de duração e recapitulará alguns dos pontos mais importantes que vimos neste capítulo. Quando concluir, pode passar direto para o áudio da meditação, no qual guiarei você pelo protocolo de visualização. Não levará mais do que cinco minutos, mas ajudará você a absorver a quarta fase da prática.

CAPÍTULO 5

FASE 5

Dominando o seu dia

Carpe diem
quam minimum
credula postero.

HORÁCIO

Traduzida do latim como a frase tão batida "aproveite o dia", a expressão curta e rápida *carpe diem* tem uma origem bastante intrigante.

A história afirma que foi Quintus Horatius Flaccus (que nome, não?) quem disse essa frase em 23 a.C. Ele é mais conhecido como "Horácio" (em inglês, "Horace"), o que eu acho simples demais e muito engraçado.

Mas toda essa noção de viver o hoje e se esforçar para tirar o máximo proveito possível da vida é muito mais antiga do que Horácio. Por milênios, esse sentimento percorreu as linhas da literatura da Grécia Antiga, da poesia, de palestras filosóficas e orações.

Mesmo que você não seja formado em História, não tenho dúvida de que, de alguma forma, sua família, seus professores, empregadores e padres ou pastores disseram que você deveria viver cada dia como se fosse o último. De uma forma ou de outra, você foi instruído a fazer o que Horácio ensinou a seus compatriotas há milhares de anos, enquanto ostentava sua bela toga romana e sandálias.

Seu futuro, hoje

Então, por que tantos de nós negligenciamos e negamos a magia que é o hoje?

Ao se arrastarem para fora da cama pela manhã, sem qualquer plano de ação adequado, muitas pessoas não percebem que hoje *é* o futuro. E a importância de definir uma intenção para isso é tão fundamental quanto definir suas metas a longo prazo.

Planejar o hoje é tão essencial quanto sonhar com sua vida daqui a três anos, como fizemos na Fase 4: Uma visão para o seu futuro. Seus sonhos só se manifestarão graças às ações que você executar hoje. Assim como você fez na Fase 4, abrirá aquela tela gigante de TV e verá seu futuro incrível se desenrolar à sua frente. Só que, dessa vez, não é o futuro que espera daqui a três anos. Vamos focar as próximas 24 horas.

Outra diferença em relação à fase anterior: você dividirá seu dia em seções importantes para você. Olhará para as próximas 24 horas como se tivessem vários gomos, como uma suculenta tangerina futurística.

O poder da "intenção segmentada"

A filósofa Esther Hicks explica melhor o conceito conhecido como "intenção segmentada", e a Fase 5 é baseada nesse protocolo.

Se você não conhece o trabalho de Esther, saiba que ela não é uma mulher comum. A habilidade dela de canalizar a Fonte, também conhecida como "Abraham", permitiu que alcançasse revelações divinas profundas, que muitos de nós não temos o prazer de acessar (ainda). Foi seu trabalho, aliás, que inspirou o documentário *O segredo* (2006), que vendeu quinhentas mil cópias e se tornou o DVD mais vendido da história.

Um dos notórios *insights* divinos que Esther obteve foi a ideia de que você pode, *e deve*, prever e visualizar seu dia por vir como uma série de segmentos significativos.

Veja como um dia típico pode fluir em segmentos:

7h – 8h30: Acordar, meditar, fazer o café da manhã e se preparar para o trabalho
8h30 – 9h: Ir para o trabalho
9h – 13h: Fazer reuniões matinais/trabalhar
13h – 14h: Almoçar com colegas
14h – 17h: Trabalhar
17h – 17h30: Voltar para casa
17h30 – 19h: Cozinhar e jantar
19h – 21h: Relaxar e assistir à Netflix com o/a cônjuge
21h – 22h: Desfrutar de sexo incrível com o/a cônjuge
22h – 7h: Dormir

Você ainda pode completar seus segmentos com uma afirmação positiva depois de percorrer cada um deles com todos os seus sentidos:

"Minha manhã será repleta de energia e alegria."
"Meu dia de trabalho será altamente produtivo, sociável e divertido."
"Meu almoço será delicioso, com um belo som ambiente e risadas."
"Meu trajeto para casa será agradável e sem trânsito."
"Um filme incrível e emocionante vai aparecer para mim na Netflix."
"O sexo com meu/minha cônjuge será apaixonado e cheio de ocitocina."

Com certeza você entendeu aonde quero chegar.

Embora nossos segmentos variem (talvez você não esteja trabalhando, mas estudando, viajando ou tirando um ano sabático), o exercício de intenção segmentada continua o mesmo, não importa o que aconteça. Você vai assistir a cada segmento se desenrolando lindamente.

Do ponto de vista de Esther, passar pelos nossos dias no improviso não é a melhor maneira de viver 24 horas de pura possibilidade. Em vez disso, queremos nos tornar "pessoas bem disciplinadas".

Nas palavras dela, "pessoas bem disciplinadas decidem como querem que seu dia se desenrole".

E a maneira ideal de comunicar (ao divino) como você deseja que seu dia se desenrole é por meio da intenção segmentada.

Para os céticos e otimistas

Se todo esse conceito é novidade e você continua um pouco cético, Esther aconselha a começar dizendo: "Não seria bom se..." seguido da sua intenção. Assim, você ainda trabalha no processo de manifestação do segmento enquanto respeita sua dúvida saudável. Por exemplo: "Não seria bom se meu chefe reconhecesse meu valor na nossa reunião de hoje?".

Por outro lado, se você já acredita muito no poder da sua mente, escolha um comando. Por exemplo: "Hoje, minha música favorita, "Bohemian Rhapsody", vai tocar no rádio quando eu estiver a caminho do trabalho".

Só entre na onda e veja o que acontece.

Na minha opinião, se você tem confiança, use-a. Sua fé inabalável é um catalisador incrivelmente potente no que se refere à manifestação diária. Como Jim Carrey disse: "A esperança é um faquir. Ela caminha sobre brasas. A fé salta sobre ela".

Então vamos lá, pessoal. Sejamos como o Jim.

A ciência que explica por que tudo isso funciona

Claro, tudo isso levanta um questionamento. Será que essa definição de intenção diária, incorporada na Meditação de Seis Fases, que requer apenas dois minutos do seu dia, realmente funciona?

Em resumo, a resposta é um retumbante e incontestável *sim*.

Funciona, sim. Graças a um dos truques de mágica menos conhecidos do seu cérebro: o sistema de ativação reticular. De agora em diante, vou me referir ao seu sistema de ativação reticular como SAR.

Em poucas palavras, seu SAR[31] é formado por um monte de nervos localizados no tronco cerebral, só esperando para filtrar qualquer informação inútil do seu entorno. Ainda bem que ele faz isso, porque agora, mais do que nunca, estamos cercados por estímulos constantes, brilhantes e escandalosos do século 21. É graças ao seu SAR que todas as coisas importantes (a voz da pessoa amada em meio a uma multidão, as responsabilidades do trabalho, os riscos de incêndio e as ameaças, por exemplo) recebem a prioridade adequada no momento certo.

Então podemos dizer que o SAR pega algo que você quer focar e cria um filtro específico para tal coisa. Depois, ele examina todos os dados recebidos durante o dia e apresenta apenas as informações que sejam importantes para você. E o melhor é que isso não exige nenhum esforço de sua parte, pois é tudo automático. Incrível, não é?

Então, quando São Mateus nos advertiu na Bíblia que "buscai e achareis", ele estava falando sério. Aquilo em que você se concentra todos os dias chegará até você, e, graças ao seu filtro SAR, seu cérebro não medirá esforços para procurar.

Na maioria dos trabalhos de psicologia que falam sobre o SAR, o exemplo que costumam dar é o dos Volkswagen brancos.

Se você tem um Volkswagen branco e está dirigindo em uma rodovia, é muito mais provável que repare em outros Volkswagen brancos cruzando seu caminho. Isso acontece porque seu cérebro está ciente de que você também está dirigindo um. A mesma teoria se aplica quando você declara alguma coisa sobre o seu dia.

Se decidir que sua pausa para o almoço vai ser incrível, com uma refeição ótima, uma companhia ainda melhor e um ambiente bonito, você obriga seu cérebro a perceber essas coisas com antecedência. Se por acaso acabar em um restaurante onde o garçom erre seu pedido (digamos que tenham a audácia de servir pão com glúten), é mais provável que você ignore essas imperfeições. Seu cérebro estará muito ocupado com o sabor incrível da combinação de guacamole e queijo americano, a beleza das velas e a diversão da conversa.

No geral, quando o almoço acabar, mesmo que tenham servido o prato errado, é muito mais provável que você perceba a experiência como uma ótima e bem-sucedida pausa para o almoço, porque foi como você programou seu cérebro para entendê-la. Ponto-final.

Isso faz você parecer um pouco insano? Sim.

Mas também faz de você uma pessoa mais feliz e aumenta infinitamente seu bom humor no dia a dia. Sou todo a favor desse tipo de comportamento delirante. Prefiro ser um iludido alegre a ser mal-intencionado, negativo e reclamar o tempo todo por causa das coisas pequenas que incomodam as pessoas negativas todos os dias.

O ponto de vista espiritual

Agora que você já se divertiu com a parte da ciência, vamos falar sobre o ponto de vista espiritual.

Quando definimos a intenção de como algo deve se desenvolver, muitos mestres espirituais acreditam que é mais provável que isso se manifeste organicamente. É a chamada *criação deliberada* e funciona de acordo com a Lei da Atração, que abordamos brevemente no capítulo anterior.

Essa teoria tem menos base científica de apoio, mas os defensores do conceito dizem que, quando tomamos uma decisão, ela se torna uma escolha cósmica, que nos movimenta na direção desse futuro possível.

Esther amplia essa ideia e faz com que se torne ainda mais bonita, afirmando que, quando nos conectamos à magia da manifestação, nos tornamos deuses criativos aproveitando a experiência de sermos humanos.

Os bônus adicionais de bem-estar da Fase 5

Quando você decide ter um ótimo dia, causa um enorme efeito dominó. Dias ótimos acabam evoluindo para ótimas semanas. Semanas ótimas evoluem para meses ótimos, e meses ótimos, para anos ótimos. Anos ótimos evoluem para uma vida épica.

Tudo começa com tomar uma decisão firme em dois minutos durante a Meditação de Seis Fases: como você vai aproveitar o dia.

Além de preparar você para um dia (e uma vida) incrível, cheio de otimismo e alegria, a Fase 5 é prazerosa em tempo real.

Assim como na Fase 4: Uma visão para o seu futuro, a Fase 5 é outra situação de criança em uma loja de doces. Lembre-se da melhor parte: seu cérebro não faz ideia de que essas coisas incríveis não estão acontecendo de verdade enquanto você medita. Quando um dia feliz flui na sua mente, você sente todas as emoções positivas que sentiria se estivesse acontecendo de verdade. Seu corpo emocional e o corpo físico vão reagir em um nível bioquímico.

Embora tudo não exista fora da sua mente (por enquanto), a dopamina, a serotonina, a ocitocina e as endorfinas são reais.

E quando você está se sentindo bem como a própria Nina Simone* durante o dia, outras pessoas também se beneficiam. Porque cada pessoa com quem você tiver algum contato vai receber suas vibrações positivas. A felicidade é contagiosa. É o tipo de infecção com a qual a humanidade poderia lidar agora.

Vamos ao protocolo.

O protocolo "Dominando o seu dia"

Primeiro passo – Levante sua tela mental

Imagine aquela enorme tela de TV bem na sua frente, onde você pode assistir ao desenrolar do seu dia.

Lembra o que eu disse sobre os segmentos? Você deve começar do início e prosseguir em ordem cronológica. Se não souber por onde começar, vale a pena lembrar do que escolheu como foco antes, para a meta de três anos na Fase 4. Daí, você pode adicionar um pequeno passo em direção a ela em sua rotina diária.

Digamos que na Fase 4 você tenha imaginado se tornar um escritor renomado. Nesta fase, em um dos segmentos, você pode se ver passando uma hora do dia seguinte em seu café favorito, trabalhando em ideias para seus livros.

Se imaginou um corpo em forma e saudável, se veja dando um passo em direção a esse objetivo em algum momento do dia. Pode se ver fazendo um suco verde ou saindo para uma caminhada longa na hora do almoço, o que for melhor para você.

Se não estiver praticando logo pela manhã (que é o recomendado), tudo bem. Apenas comece a imaginar o que vai acontecer depois que abrir os olhos ao final da meditação.

---

* Em referência à canção "Feeling Good", da artista. (N. T.)

Segundo passo – Veja e sinta seu dia inteiro acontecendo de maneira incrível

Agora você vai ver o filme cronológico do seu dia, da manhã até a noite.

Assim como fez na fase anterior, você vai ver, ouvir, provar, cheirar e sentir seu dia seguinte se desenrolar com perfeição. No começo de cada segmento, não se esqueça de definir uma intenção verbal, como "meu café da manhã será nutritivo e me encherá de energia" ou "meu sono será profundo e restaurador".

Esse é o momento de sonhar acordado sobre seu dia. Não tenha medo de ser otimista, mesmo que ter um ótimo dia pareça uma façanha impossível diante dos desafios que esperam por você. Tenha fé e convicção de que o melhor se manifestará e que você será a presença curadora em qualquer cômodo em que entrar.

Se isso não for o bastante, tenha fé na ciência e no sistema de ativação reticular do seu cérebro. Isso não é nem de longe uma perda de tempo.

E aqui estamos. Você completou a Fase 5. Adoro essa fase porque ela leva da meditação à ação. Afinal, a Meditação de Seis Fases não pretende ser uma daquelas meditações em que você se sente flutuando e pronto para uma soneca ao sair dela. É para ser uma meditação relaxante, mas que prepare você para conquistar o mundo.

A diferença é bem grande.

Quem diria que você poderia *decidir* ter um dia incrível? Não seria ótimo se ensinassem essas coisas na escola? Quando eu descobri que podia escolher como meus dias se desenrolariam, além dos eventos que aconteceriam na maioria deles, virei um homem infinitamente mais feliz. Isso me empoderou.

É claro que ninguém pede que um pombo deixe aquele cocô no para-brisa de seu carro, mas o que podemos de fato *escolher* é onde o cérebro vai focar sua atenção com a precisão de um laser. O que podemos escolher é treinar nosso otimismo, nossa positividade e nossa mentalidade para o dia que teremos pela frente.

Consegue imaginar o que aconteceria se cada pessoa acordasse de manhã com a intenção de ter um lindo dia? Fazer a si mesmo e os outros felizes? Comer bem, ser consciente e aproveitar as coisas mundanas? Investir, mesmo que só um pouco, nos seus objetivos de longo prazo, um passo de formiga por dia?

Como disse Madre Teresa:

Ontem já passou. O amanhã ainda não chegou. Só temos o hoje. Comecemos já.

Então, o que você está esperando?
Vá em frente e *carpe* este *diem*!

Antes de passar para o próximo capítulo, abra seu aplicativo Mindvalley e comece o programa de Meditação de Seis Fases. Você pode pular para a lição interativa completa da Fase 5: Dominando o seu dia. Ela tem poucos minutos de duração e recapitulará alguns dos pontos mais importantes que vimos neste capítulo. Quando concluir, pode passar direto para o áudio da meditação, no qual guiarei você pelo protocolo do dia perfeito. Não levará mais do que cinco minutos, mas ajudará você a absorver a quinta fase da prática.

CAPÍTULO 6

FASE 6
A bênção

*Mesmo que você procure
pelo Universo inteiro,
não encontrará nenhum ser mais
digno de amor que você.*

SIDARTA GAUTAMA — BUDA

Quando desenvolvi a Meditação de Seis Fases, queria criar algo arraigado na ciência.

Hoje, mais do que nunca, a humanidade precisa da bússola da ciência para ajudá-la a distinguir óleo de cobra de remédio de verdade.

Dito isso, a ciência não pode explicar *tudo*, pode?

Você chegou à única fase da Meditação de Seis Fases que já está um pouco batida em termos de evidências sólidas e conhecidas. Mesmo assim, ainda quero que participe deste pequeno exercício: o de receber uma bênção de um poder superior para celebrar sua prática de meditação.

Acontece que esses assuntos que a ciência (ainda) não consegue explicar são cruciais para encher nossas vidas de significado. E, embora não existam pesquisas conclusivas para provar que existe um poder superior, uma presença amorosa que cuida de nós, 84% da humanidade acreditam que existe[32].

Isso acontece porque, mesmo contrariando a lógica, de alguma forma *sentimos*, *percebemos* e *intuímos*.

Eu, por exemplo, acredito que estou conectado a uma energia superior. Isso não quer dizer que eu seja religioso. Eu não acredito na ideia de um velho barbudo no céu julgando cada movimento meu. Na verdade, minha prática espiritual é uma mistura de muitas das religiões do mundo somadas a algumas conveniências modernas. Eu não acredito mesmo em ter apenas uma religião; essa ideia me parece antinatural quando há tanta beleza e sabedoria que podemos encontrar em todas elas. Sendo assim, nenhum dos rituais, filosofias e práticas que me agradam define minha espiritualidade.

Então, embora eu tenha certeza de que existe uma energia superior, minha palavra para *Ela* varia bastante: Deus, Deusa, Universo, Grande Espírito, Meu Espírito, Pachamama, Lord Shiva, Arcanjo Miguel, campo morfogenético, Eu Superior, Gaia, Meu Eu Superior... Você decide, por mim tudo bem.

Aos meus olhos, de coração, estamos todos falando sobre a mesma coisa.

E acredito que essa "coisa", essa energia, é algo a que estamos conectados o tempo todo. Acredito que é algo que nos ajuda, nos nutre e nos protege.

Como eu disse, embora não haja nenhuma evidência concreta[33], existem inúmeras pessoas que afirmam ter experimentado a presença de Deus. Alguns falam de anjos, guias e sentimentos de *samadhi**; em particular, aqueles que tiveram experiências de quase morte.

Então, vamos desconsiderar as histórias dessas pessoas só porque ainda não conseguimos replicá-las em um laboratório?

Michael Beckwith sobre o poder de pedir intervenção divina

Em novembro de 2017, ouvi uma história do reverendo Michael Beckwith que me inspirou a pensar sobre a vida e o conceito de "Deus" de

---

* Do sânscrito, pode ser traduzido como "meditação completa", um estado espiritual de consciência. (N. T.)

outra maneira. Ele estava fazendo mais um de seus discursos incríveis no palco do A-Fest, mas eu não estava prestando muita atenção.

O A-Fest era um festival meu, sabe? Eu estava nos bastidores com os engenheiros de som, garantindo que tudo no auditório funcionasse com perfeição.

Mas, de repente, enquanto conversava com a equipe, senti um ímpeto *tão* forte de prestar atenção no que o reverendo estava dizendo que nem terminei minha frase. E, naquele momento específico, ele estava contando ao público sobre uma ocasião em que quase havia se afogado no mar da Costa Rica.

Michael estava nadando com a filha quando foi sugado para longe da areia por uma corrente inesperada. Como já era um homem de mais idade, ele sabia que não tinha a mesma força da juventude e logo percebeu que não conseguiria voltar à praia.

"Apenas continue nadando. Não preste atenção ao corpo. Apenas continue nadando", ele repetia para si mesmo, tentando se acalmar enquanto afundava nas ondas colossais novamente, engolindo uma quantidade cruel de água do mar.

Foi nesse momento que Michael pediu:

Me ajude.

Veja, ele afirma que as palavras não saíram de sua boca conscientemente. Além disso, não havia ninguém chegando para ajudá-lo. A única pessoa em um raio de alguns quilômetros era sua filha, que agora estava bem longe e segura na praia.

Depois do que pareceu horas de tempestade subaquática, houve uma bonança silenciosa.

A partir desse silêncio divino, Michael contou que uma pequena onda surgiu atrás dele, para lhe dar um pequeno impulso para a frente.

Depois veio outra onda, um pouco maior. Em seguida, uma terceira, que lhe deu um pouco mais de impulso, até que, exausto e ferido, ele enfim conseguiu chegar à areia e cair nos braços da filha.

Obrigado, Deus. Obrigado a qualquer nome pelo qual Você queira ser chamado.

Alguns dias depois, Michael começou a contar a uma amiga médium sobre sua experiência na Costa Rica. Antes mesmo de chegar à parte em que fora arrastado pela correnteza, ela perguntou, com um brilho sábio nos olhos: "Posso olhar?".

Depois que ele deu sinal verde, a moça viu a cena em sua mente. "Uau! Você... Você pediu ajuda em voz alta, não foi?" Michael acenou positivamente. Ela continuou: "Quando você pediu ajuda, um arcanjo desceu e agitou a água... três vezes, para você sair?".

"Foi exatamente o que aconteceu", ele sussurrou. Três ondas o empurraram para a praia.

Michael nos contou que essa experiência deixou uma lição muito poderosa: ter a humildade de pedir ajuda. E nenhuma ajuda pode vir do reino ancestral, xamânico, divino, angelical (como quer que você o chame) para esta dimensão física, a menos que você a peça clara e diretamente.

Embora seja importante programar sua mente para o sucesso, assim como você fez nas cinco fases anteriores deste livro, também é fundamental estar aberto a receber ajuda para garantir que isso aconteça.

Como Michael aprendeu, sempre há forças ao nosso redor prontas para ajudar: nós só precisamos pedir. Em suas palavras, o QD (seu *quociente de disponibilidade* para esse poder superior) sempre supera o QI (a capacidade intelectual da mente de se manifestar como uma força autônoma).

E é disso que trata a seção final da Meditação de Seis Fases.

Ampliando seu quociente de disponibilidade

Embora essa fase seja chamada de "a bênção", não significa que alguém vai obrigar você a se converter. Ninguém vai jogar água benta na sua testa contra sua vontade.

Mas a bênção tem um espaço aqui. Como a maioria das pessoas acredita em um poder superior, achei apropriado honrar isso e incluir na Meditação de Seis Fases.

O melhor é que só leva alguns segundos. Você deve imaginar uma bela luz descendo do céu, que representa um poder superior. Depois você deve permitir que ela envolva seu corpo antes de receber a bênção (ou, em outras palavras, a ajuda de que você precisa).

Além de honrar as crenças espirituais das pessoas que meditam, incluí a bênção para trazer um encerramento palpável para a prática meditativa. Assim, nos preparamos para um novo dia nos sentindo completos e alicerçados em nossas intenções.

Na verdade, foi um dos meus mentores mais respeitados, Srikumar Rao, que me levou à decisão final de incluir a bênção.

Srikumar Rao é um professor de gestão de negócios aclamado internacionalmente; palestrante, autor de best-sellers e fundador do Rao Institute. Chamado de "Buda dos negócios", Srikumar lecionou na London Business School, na Kellogg School of Management da Northwestern University e na Haas School of Business da Universidade da Califórnia, em Berkeley. E ele consegue combinar sabedoria espiritual com empreendedorismo de um jeito que eu nunca tinha visto antes.

Além de ensinar centenas de estudantes de MBA a alcançarem o sucesso ao aprimorar suas filosofias pessoais e "modelos mentais", Srikumar é uma autoridade importante quando o assunto é viver uma existência humana gratificante.

Enquanto eu desenvolvia a Meditação de Seis Fases, ouvi uma palestra de Srikumar sobre a psicologia do sucesso e da felicidade. Ele pregava sobre como seus modelos mentais – ou seja, o que você acredita ser verdade sobre o mundo – influenciarão suas experiências nele, sejam elas positivas ou negativas.

No final da palestra, pediram a Srikumar que definisse qual modelo mental era o melhor a se ter. Esta foi a resposta dele:

A crença mais importante que você pode ter é a crença de que o Universo ama você. Se acreditar que o Universo está sempre trabalhando a seu favor, terá uma bela experiência nesta vida.

A palavra *Universo*, inclusive, pode ser substituída pela palavra que você achar mais adequada.

Depois de ouvir Srikumar dizer que esse era o modelo mental definitivo entre cada uma das bilhões de outras crenças que alguém poderia escolher, eu soube que tinha que concluir essa sequência especial com a bênção.

Confio que, depois de meditar na Fase 6 e começar o dia acreditando que não está sozinho, que é amado e apoiado, você viverá momentos incríveis.

E isso não é tudo. Estará pronto para uma vida incrível de admiração e positividade como um todo.

A bênção: ninguém fica para trás

Agora, se me permite, gostaria de falar com aqueles que escolhem não acreditar em Deus (ou em qualquer outra palavra que você possa usar para descrever um poder superior).

Primeiro, quero apenas dizer que amo pessoas ateias. São algumas das pessoas mais interessantes que já conheci, com as mentes mais perspicazes que existem. No entanto, ser ateu ou ateia não isenta ninguém da Fase 6. Nem de longe.

Eu mesmo não acredito em um "Deus" único. Sou mais panteísta, com uma reverência por todo o Universo – o que Richard Dawkins, autor de *Deus, um delírio*, descreve como "ateísmo enfeitado"[34].

Então, ateu ou religioso, todos podem colher os mesmos sentimentos de calmaria, serenidade e apoio da Fase 6. Porque, mesmo se você for um ateu devoto, ainda pode se conectar a qualquer poder que acredite estar dentro de você.

Seu poder interior. Sua resiliência. Suas reservas internas de força. Seu profundo senso de conhecimento e sabedoria. Seu coração. Sua mente brilhante.

Algumas pessoas gostam de imaginar suas versões mais velhas e sábias abençoando-as e apoiando-as. Faça isso e viaje no tempo, vinte anos à frente, para se inspirar nelas.

Seja qual for sua escolha, você permitirá que a melhor versão de si conclua sua prática.

É a sua vez de receber apoio

Esta parte da Meditação de Seis Fases, como eu disse, é a mais curta e fácil. Mas também pode ser a mais relaxante e prazerosa. Ela faz um contraste revigorante com as cinco fases anteriores.

Se você pensar bem, até agora esteve muito ocupado *doando*. Você tem se concentrado em outras pessoas, enviando sua energia para fora. Meditou sobre compaixão e gratidão. Perdoou um idiota que te machucou. Concentrou sua atenção no que deseja manifestar daqui a três anos e em como deseja que seu dia se desenrole.

A Fase 6 é seu momento de ser agradavelmente passivo, permitindo que alguém ou algo envolva você com amor e atenção. E quem melhor para fazer isso do que... o Universo?

Você deve se conectar com essa energia abundante, não apenas para abençoar sua prática, integrando as cinco fases anteriores, mas também para sentir que tem apoio ao dar o primeiro passo para um novo dia.

Porque ser humano é muito difícil. Fora dos confins confortáveis das paredes do nosso quarto, onde começamos o dia, aguardamos possíveis desafios, obstáculos e gatilhos. E não importa quais sejam suas crenças espirituais, acho que todo mundo concorda que precisamos de apoio para vivenciar tudo que é bom ou ruim.

Para prosperar, desbloquear nosso gênio interior, atingir objetivos e dar um salto para o desconhecido, precisamos dessa energia. E a boa notícia é que seu poder superior, ou eu superior, tem muito disso. É infinito. As bênçãos nunca acabarão. Você só precisa estar aberto para recebê-las.

O protocolo "A bênção"

Primeiro passo – Evoque seu poder superior

Respire fundo e reserve uns instantes para se conectar ao seu poder superior, seja ele qual for.

Tente sentir a presença de Deus/Deusa/Força Espiritual/Eu Superior em vez de pensar no exercício e dar início a um processo cognitivo sobre isso. Estamos ativando o que Michael Beckwith descreveu como seu QD (quociente de disponibilidade), não seu QI.

Depois de estabelecer uma conexão, é hora de aceitar receber uma bênção.

Segundo passo – Sinta seu poder superior como um feixe de luz amorosa

Agora imagine essa bênção do seu poder superior como uma bela luz dourada ou branca brilhando lá de cima. Sinta a luz. Sinta o brilho e o calor reconfortante dela, sabendo que está repleta de poder e energia infinitos.

Saiba que dentro dessa bênção está o sinal oficial do Universo para começar seu dia e *carpe diem*. É como se ela dissesse: "Sim, estou de acordo com essas intenções; aqui está a energia que você precisa para fazê-las acontecer". É uma confirmação de que você não está sozinho. Então deixe que ela entre. (Se você for ateu ou ateia, esta é a parte em que você invoca seu poder interior ou uma versão mais velha e sábia de si. Imagine que você consegue sentir a presença deles como essa luz também.)

Terceiro passo – Permita que a luz flua por você

A partir daí, imagine essa luz atravessando sua cabeça e descendo pela coluna.

Então imagine a luz se expandindo para fora do corpo e formando uma cúpula ao seu redor. Imagine um escudo dessa luz amorosa e de poder infinito ao seu redor, sabendo que ela acompanhará você pelo resto do dia para te proteger da negatividade, apoiar e preencher com todas as qualidades de que você precisa para florescer. Essa é a sua bênção.

Quarto passo – Agradeça ao seu poder superior

Saiba que todas as suas visões e intenções agora têm o apoio de Deus ou da sua versão mais sábia.

Reserve um instante para desfrutar desse sentimento e agradeça ao seu poder superior. Você pode encerrar o protocolo usando um mantra ou alguma oração da sua religião. Mãos em oração, reverência, sorriso atrevido, um agradecimento sussurrado, o que você preferir.

Ou você pode finalizar o protocolo do jeito que eu faço, com um "bate aqui" imaginário para o Universo. Assim, você estará pronto para sair com calma da meditação e seguir para seu dia incrível.

Absorva tudo isso e aproveite por completo essa bênção para que você possa sair e arrasar com confiança.

Quinto passo – Encerre sua meditação

Agora você vai sair da meditação após uma contagem de cinco segundos.

Se estiver usando o aplicativo para ouvir a meditação guiada, contarei calmamente com você, no estilo do Método Silva. Este é o roteiro que uso, palavra por palavra:

Agora vou contar de um a cinco. Quando contar até cinco, você vai abrir os olhos, vai estar bem desperto, sentindo-se bem e em perfeita saúde.

Um...
Dois...
Três...

Pronto para abrir os olhos, sentindo-se bem e em perfeita saúde.
Quatro...
Cinco.

Olhos abertos. Totalmente desperto. Sentindo-se bem e em perfeita saúde. Sentindo-se melhor do que antes.

E é isso. Você terminou. Você fez tudo o que precisava para alcançar a paz e a felicidade definitivas.

Experimentou a conexão com o mundo por meio da compaixão. Desfrutou da sensação de plenitude por meio da gratidão. Limpou sua alma de cargas negativas por meio do perdão. Definiu uma visão incrível para o futuro, uma visão que realmente deseja. Pediu um dia perfeito. E juntou tudo isso com a bênção daquela força indescritível que tem viajado com você desde o dia em que nasceu – e que continuará com você até o dia da sua morte.

A Fase 6 leva apenas alguns segundos, mas vale uma fortuna, porque qualquer tempo que passamos conectados a algo maior do que nós mesmos é um tempo bem aproveitado.

Afinal, estamos tão acostumados a ser as estrelas do nosso próprio show que esquecemos que não estamos sozinhos. Não importa em que você acredita, seja um deus ou um super-herói, uma versão mais velha e sábia de si mesmo, você tem apoio.

E para ter sucesso, para destravar seu verdadeiro potencial, você precisa desse apoio.

Portanto, confie em um poder superior.

Confie naquele lugar, lá no fundo do seu ser, que tem um poder infinito e inesgotável.

Confie em um, no outro ou em ambos. Não importa.

Porque uma das verdades mais antigas que vamos aprender é que *não há diferença entre os dois*.

Abra seu aplicativo Mindvalley e comece o programa de Meditação de Seis Fases. Você pode pular para a lição interativa completa da Fase 6: A bênção. Ela tem poucos minutos de duração e recapitulará alguns dos pontos mais importantes que vimos neste capítulo. Quando concluir, pode passar direto para o áudio da meditação, no qual guiarei você pelo protocolo da bênção. Não levará mais do que cinco minutos, mas ajudará você a absorver a sexta fase da prática.

Esta é a fase final da Meditação de Seis Fases, então, depois de consolidar seu conhecimento, estará pronto para começar a meditar por toda a sequência. Você pode encontrar o áudio completo das Seis Fases no aplicativo Mindvalley (tanto no miniprograma das Seis Fases quanto no guia de meditação).

CAPÍTULO 7

DA PRÁTICA À MAESTRIA

Palavra final

Há alguns anos, convidei um homem genial para dar uma palestra na minha empresa.

Ele atendia pelo nome Tom Chi. Você já deve ter ouvido falar dele. É o cofundador do Google X e criador do primeiro protótipo no mundo do dispositivo de realidade aumentada Google Glass. Esse cara era um gênio em todos os aspectos, conhecido por sua habilidade de responder às perguntas mais difíceis da humanidade de uma forma que combinava ciência de ponta e filosofia profunda e espiritual.

Da existência de Deus à evolução dos vírus, Tom Chi e eu tivemos muitas conversas incríveis no palco, bem como no podcast Mindvalley. Respeito profundamente o trabalho dele.

Naquele dia em específico, quando Tom visitou o escritório da Mindvalley em Kuala Lumpur, ele decidiu dar uma palestra sobre tecnologia exponencial e para onde o mundo estava indo. Minha equipe ficou fascinada, e, quando a conversa evoluiu para o bate-papo final, um funcionário excelente levantou a mão e fez uma pergunta. Foi essa questão e sua resposta que inspiraram meus propósitos e objetivos pessoais na vida.

"Tom, se tivesse que escolher só uma coisa, com o que você acha que precisamos ficar mesmo obcecados para ajudar a tornar este mundo um lugar melhor?"

Tom parou por alguns segundos. Então, declarou:

"Precisamos criar um aumento exponencial na consciência humana."

Ele começou a explicar que as tecnologias exponenciais que estão traçando o curso do nosso futuro se tornarão cada vez mais poderosas e perigosas. Hoje em dia, qualquer um pode navegar na *deep web*, comprar explosivos C4, prendê-los a um drone de US$ 99 e fazê-lo voar até um prédio. E então, com um dedo, transformar todo o edifício e as pessoas dentro dele em pó.

Qual é a única coisa que impede as pessoas de fazerem isso? O nível de consciência.

Se continuarmos assim, aprimorando constantemente nossa tecnologia enquanto a evolução da nossa consciência permanece estagnada, um futuro sombrio nos espera. Em outras palavras, se não aumentarmos a consciência humana, *estaremos perdidos*.

"Totalmente PERDIDOS!", Tom enfatizou.

Portanto, a maior missão que podemos abraçar é aquela que visa a elevar o nível da consciência humana. Para isso, precisamos entender que estamos em um verdadeiro cabo de guerra entre duas versões evolutivas opostas da mente humana.

A Mente Primitiva *versus* a Mente Superior

Em seu famoso artigo[35] "The Great Battle of Fire and Light" (A grande batalha de fogo e luz), Tim Urban, um blogueiro renomado no mundo inteiro (e um dos meus filósofos favoritos), explica que ser humano é viver uma batalha constante entre o que ele descreve como a "Mente Primitiva" e a "Mente Superior".

Com frequência até demais no mundo de hoje, funcionamos a partir da Mente Primitiva.

A Mente Primitiva pode ser entendida como nosso software animalesco ancestral, que, ao contrário do que muitos escolhem acreditar, ainda é forte dentro de nós como sempre foi. É a programação de comer, procriar e repetir. Por outro lado, temos a Mente Superior, a consciência avançada onde acontece toda a magia ética, sábia e espiritual.

As pessoas na China, e em vários outros lugares, descreveriam a Mente Superior como o coração e a Mente Primitiva como o ego, mas, para o objetivo deste livro, vamos adotar a definição de Tim.

A Mente Primitiva experimenta a vida diária no modo de sobrevivência, na escassez e na competição. A Mente Superior vive a vida com presença, gratidão e compaixão.

A Mente Primitiva acredita que a luta e a competição são as chaves para a sobrevivência. A Mente Superior sabe que podemos explorar o poder do pensamento positivo e da intenção de manifestar o futuro que desejamos.

A Mente Primitiva é protetora e amorosa somente com as pessoas que compartilham nossa crença familiar. A Mente Superior enxerga o quanto são ilusórias as fronteiras, a raça, a etnia e a cultura; ela sente compaixão por todos os seres humanos, sem se importar com o quão diferentes de nós possam parecer.

A Mente Primitiva se afoga no viés da negatividade. A Mente Superior abraça todas as emoções e as integra de forma saudável em nome da evolução pessoal.

A Mente Primitiva é selvagem e incontrolável. A Mente Superior é flexível, centrada e aberta.

A Mente Primitiva se sente sozinha no mundo.

A Mente Superior vê a conexão intrincada entre toda a vida na Terra e entende que todos fazemos parte de algo muito maior do que nós mesmos.

A Mente Superior e a Meditação de Seis Fases

Como você pôde perceber, a Meditação de Seis Fases foi projetada para nos levar na direção da Mente Superior. Ironicamente, a Mente Primitiva, que tenta nos manter vivos a todo custo como indivíduos, tem o potencial de acabar destruindo a raça humana, embora precisemos de alguns elementos dela para nossa sobrevivência (como a capacidade de lutar ou fugir).

Portanto, se quisermos expandir nosso nível de consciência para alcançar as expectativas tecnológicas assustadoramente altas que estabelecemos, precisamos ativar a Mente Superior. E rápido.

Esse, leitor ou leitora, foi o objetivo secreto por trás do ensino da Meditação de Seis Fases.

Porque a verdade é que todas as fases dessa meditação – compaixão, gratidão, perdão, humanidade, estabelecimento de metas e espiritualidade – não têm apenas o potencial de salvar sua pele como indivíduo. Meditar dessa forma como um coletivo pode acabar salvando *todos nós*.

Adicionando nosso "grão de areia" à praia

Agora que você está digerindo esse conhecimento recém-descoberto sobre o futuro da humanidade, tecnologia e consciência superior que estimula a paz mundial, pode sentir uma motivação a mais para se manter no caminho certo com sua prática de meditação.

Mas eu não pretendia sobrecarregar você.

Comece a meditação por *você*. E isso é suficiente. É mais do que suficiente.

Você merece amor, paz e felicidade tanto quanto qualquer outro ser humano, e essa meditação vai te dar isso. Você não precisa protestar nas ruas contra a inteligência artificial, arrancar canudos de plástico da boca das pessoas ou andar descalço por São Francisco na tentativa de mostrar que se importa com a Terra.

Existe uma frase bonita e comumente usada em espanhol que engloba o valor de pequenas mudanças e como elas acabam sendo enormes a longo prazo:

Hay que poner cada uno su granito de arena.
Cada um deve colocar seu grãozinho de areia.

Ou seja, se todo mundo contribuir com um minúsculo grão de areia, é assim que faremos uma praia que vale a pena visitar.

Se cada indivíduo meditasse amanhã de manhã, sentisse compaixão e pertencimento, se sentisse grato e livre de ressentimentos, reunisse força e inspiração para sair pelo mundo e contribuir, vivendo cada dia como se fosse o último...

Consegue imaginar que lugar incrível seria nosso planeta?

Mas, antes que isso aconteça, vamos precisar de algumas pessoas fortes e pioneiras que aperfeiçoem seus mundos interiores para fazer a diferença no mundo exterior.

E isso começa com você.

Aqui começa sua jornada

Agora que você conhece sua missão, caso escolha aceitá-la, vamos fechar este livro e começar a meditar na direção da felicidade humana e da sustentabilidade planetária.

A Meditação de Seis Fases é apenas o começo de uma jornada linda de crescimento pessoal. Depois de se aprofundar na Meditação de Seis Fases, você não terá outra opção a não ser começar a aprimorar, otimizar e melhorar seus aspectos pessoais. Assim, eu recomendo que pratique todos os dias.

Muitas pessoas fazem as Seis Fases por centenas de dias seguidos, e eu tiro meu chapéu para elas. Isso é maravilhoso. Mas, se você esquecer um dia, não tem problema. A última coisa que quero fazer é adicionar outro item sem sentido à sua lista de tarefas.

Faça isso por você. Faça porque te faz bem, porque vai te ajudar enquanto sua luz brilha no mundo. Essa meditação é de longe a coisa mais eficaz que faço todos os dias, e espero de coração que se torne uma tábua de salvação para você, assim como foi para mim.

Então, este é o meu presente para você. Como já disse ao longo do livro, a Meditação de Seis Fases é gratuita em todas as plataformas que utilizamos e sempre será. Além disso, quero que se sinta livre para usar, hackear, alterar, ajustar, ensinar a seus amigos, espremer para caber em cinco minutos, prolongar por trinta, fazer o que quiser com ela.

Só há uma regra: você deve entrar em contato comigo para contar o que fez.

A Meditação de Seis Fases está sempre evoluindo (já mudou muito nos últimos oito anos), e estou sempre procurando refiná-la para que ela possa chegar ao maior número de pessoas possível. Se essa abordagem melhora sua vida, por favor, me ajude a divulgar compartilhando sua história em http://stories.mindvalley.com.

Últimas palavras: nunca desista

Antes de encerrarmos, gostaria de deixar um conselho.

Continue.

Mesmo se, um ano depois, você se sentir estagnado, mesmo quando parecer que não "precisa" mais da Meditação de Seis Fases, continue meditando.

Assim como o exercício físico, ela sempre vai fazer bem para você. Ninguém para de caminhar, dançar e levantar peso quando conquista o corpo que sempre quis, não é? Todo mundo continua treinando para manter o corpo perfeito. É a mesma coisa com a sua mente.

John Davy, o brilhante empresário por trás da Jongleurs, uma rede mundialmente famosa de clubes de comédia no Reino Unido, me contou uma vez que praticou a Meditação de Seis Fases por cem dias seguidos.

Depois de cem dias, nem preciso dizer que meditar começou a parecer bastante banal. Ele já não estava percebendo as grandes mudanças que percebia antes, então decidiu parar. Afinal, ele era um homem bem ocupado.

Depois disso, seus colegas e amigos começaram a demonstrar cada vez mais preocupação.

"John, você está bem?"

"John, tem alguma coisa errada."

"John, você parou de tomar seus remédios?"

Ele nem tomava nenhum, para começo de conversa; não fazia ideia do que eles estavam falando. Mas seus amigos disseram que perceberam que ele estava mais inquieto e voltando aos velhos padrões de ansiedade.

Ele percebeu que era a prática da meditação que neutralizava esses hábitos prejudiciais e regulava sua energia e seu sucesso como líder. Obviamente, logo voltou à prática.

Por isso, continue quando continuar for fácil. Mas é preciso também continuar quando for difícil. Principalmente quando as coisas vão mal.

Eu gostaria mesmo de poder mexer uma varinha de condão e garantir que, por ter comprado este livro, você se tornará a encarnação do Buda no século 21 ou uma versão mais jovem de Gandhi. Que, assim, você será logo uma pessoa tão iluminada que nada mais vai encher seu saco. Que nada mais te magoará. Que você nunca sofrerá perdas, estresse e turbulências. Que nunca sentirá resistência à meditação. Que nunca terá medo de repousar em uma sala silenciosa com sua própria mente quando estiver em um momento ruim.

Não tenho essa varinha mágica, nem seria justo.

Porque às vezes – na verdade, na maioria das vezes – é por meio da dor que extraímos nossa sabedoria mais profunda e nosso conhecimento interior. Vamos *crescer* graças ao que *passamos* sempre que estivermos abertos para elevar nossa consciência e nos tornar maiores do que aquilo que acontece conosco.

Não, não sei o que vai acontecer com você quando fechar este livro, nem sei o que vai acontecer comigo quando eu terminar de escrevê-lo.

Mas de uma coisa eu sei.

Sei que, não importa o que aconteça, agora temos um conjunto de habilidades que nos permitirá não apenas sobreviver aos maiores contratempos. Temos um conjunto de habilidades que nos permitirá *crescer*, conquistar e prosperar como espécie.

TRANSCRIÇÃO DA MEDITAÇÃO DE SEIS FASES

Nesta seção final, incluí meu roteiro para a Meditação de Seis Fases a fim de permitir a prática em contextos educacionais e fornecer acessibilidade extra para leitores surdos ou com deficiência auditiva.

Bem-vindo à Meditação de Seis Fases.

Sou Vishen Lakhiani e guiarei você calmamente por todas as seis fases deste exercício.

Começaremos com a Fase 1: O círculo de amor e compaixão. Eu quero que você visualize alguém que você ame de verdade. Pode ser um membro da família, um amigo, um parceiro ou até mesmo um animal de estimação.

Veja a alma dessa pessoa na sua frente. E, ao fazer isso, sinta o amor que ela transmite para você. Sinta esse amor no seu coração.

Agora, dê uma cor a esse amor. Pode ser verde-claro, rosa, branco ou azul.

Então respire fundo. Ao expirar, imagine essa luz de amor se expandindo da área do coração para preencher todo o seu corpo.

Respire fundo outra vez. E, ao fazer isso, sinta a luz desse amor saindo do seu corpo para preencher todo o cômodo em que você está no momento.

Conforme essa luz se expande para preencher o cômodo, imagine esse sentimento de amor emanando de você para toda a vida no cômodo: cada pessoa, cada animal de estimação, até mesmo cada planta.

Agora, respire fundo. E, ao expirar, imagine essa luz de amor preenchendo todo o edifício, tocando tudo o que representa a vida dentro do edifício.

Respire fundo. Ao expirar, imagine esse amor emanando ainda mais longe, para cobrir toda a cidade em que você está. Você pode só sentir a cidade ou vê-la como se estivesse olhando para um mapa. Veja a cidade coberta com a luz desse amor e dessa compaixão.

De novo, respire fundo. E, ao expirar, sinta essa luz de amor cobrir todo o país em que você está. Assim como fez com a sua cidade, pode olhar para o país como se estivesse vendo um mapa ou até mesmo pensar na bandeira nacional.

Imagine seu amor e sua compaixão emanando do seu coração para cada ser humano, animal e planta do país.

Respire fundo outra vez. E, ao expirar, permita que seu amor e sua compaixão se expandam tanto que cubram todo o planeta.

Veja o planeta inteiro à sua frente, com a totalidade de países, pessoas, animais e plantas cobertos com a luz do seu amor.

Você pode até repetir uma bênção ou um mantra para cada criatura viva na Terra, como:

Que você esteja bem, que esteja livre do sofrimento, que esteja em paz.

Agora, você concluiu a Fase 1.

Passamos agora para a Fase 2: Felicidade e gratidão.

Quero que você se lembre de três coisas pelas quais é grato na sua vida pessoal.

Elas podem ter acontecido ontem, na semana passada, no mês ou no ano passados, ou até mesmo há vários anos. Ao refletir sobre essas três coisas, concentre-se nas emoções que elas despertam em você. Sinta a alegria, o amor, a leveza e o apreço que sentiu no momento em que recebeu essas bênçãos ou viveu essas experiências.

Agora pense na sua vida profissional. Pense em três coisas pelas quais você é grato na sua carreira e talvez tenham acontecido nas últimas 24 horas ou nos últimos sete dias.

Pode ser um comentário gentil de um colega de trabalho, um projeto que está indo bem ou a renda que você obteve; sinta todas as emoções positivas e agradeça.

Agora passamos para o terceiro nível de gratidão: gratidão por si mesmo.

Pense em três aspectos do seu ser. Podem estar relacionados a seu corpo, sua mente, aspectos da sua personalidade; qualquer coisa pela qual você sinta gratidão por si mesmo.

Agradeça e seja grato por esses três aspectos de si mesmo, sentindo a alegria e as emoções positivas ao trazer à mente cada aspecto único de você.

Chegamos agora à Fase 3: A paz pelo perdão.

Pense em algum incidente ou alguma ocasião que fez com que uma carga negativa se acumulasse dentro de você. Pode ser algo pequeno ou grande. Mas, se estiver começando agora, comece com algo menor. Veja aquela pessoa que você precisa perdoar parada na sua frente, em um espaço seguro na sua mente.

Pode ser uma praia, uma floresta ou um jardim, onde quer que você se sinta seguro.

Olhe para essa pessoa e expresse como você se sente. Diga-lhe exatamente o que ela fez para prejudicar ou trair você, como se estivesse lendo uma acusação no tribunal.

Por alguns momentos, permita-se sentir a dor.

Agora, pare de se concentrar na dor e volte sua atenção para a pessoa que prejudicou você. Tente ver as coisas por meio dos olhos dela, por mais difícil que pareça no primeiro momento. Pense em como ela pode ter percebido a situação. Você pode ir além e pensar sobre o que ela poderia ter experimentado na vida para levá-la a se comportar daquela maneira. Lembre-se: pessoas magoadas magoam pessoas.

Depois de ver a situação pelos olhos dela, reflita sobre o que você pode ter aprendido com esse incidente.

Como isso te ajudou a crescer? Esse incidente ajudou você a ganhar força e sabedoria?

E, agora, ao ver essa pessoa à sua frente, escolha perdoá-la.

Se puder, imagine abraçar a pessoa como símbolo do seu perdão.

Você pode repetir esse processo com o mesmo incidente e a mesma pessoa todos os dias ao fazer as Seis Fases, dependendo da gravidade do incidente. Quando sentir que pode abraçar a pessoa sem carga negativa, pode passar para outra pessoa.

Chegamos agora à Fase 4: Uma visão para o seu futuro. Quero que você se lembre das suas visões e dos seus sonhos para a vida daqui a três anos.

Lembre-se: muitas vezes superestimamos o que podemos fazer em um ano, mas subestimamos o que somos capazes de fazer em três. Portanto, visualize sua vida daqui a três anos como se fosse um filme passando na tela à sua frente. Traga à mente qualquer área da sua vida com a qual você se preocupa.

Você pode enxergar uma cena perfeita em mente ou escolher dois ou três objetivos específicos que tem para si mesmo. Podem estar relacionados à sua carreira, sua vida amorosa, sua saúde, sua forma física, para onde você deseja viajar... Podem ser objetivos ligados ao crescimento pessoal ou à espiritualidade.

De qualquer forma, faça com que as visões desses objetivos sejam o mais vívidas possível. Use todos os cinco sentidos. O que você vê? Se sua visão não é seu sentido dominante, o que você consegue ouvir? O que você consegue cheirar? Que sensações e impressões você consegue sentir?

Pense nesse objetivo como se já estivesse acontecendo.

Vou te dar alguns minutos para se dedicar às suas visões futuras. Lembre-se de usar todos os cinco sentidos.

O que você vê?

O que você ouve?

O que você sente, cheira e prova?

Quem mais está na cena com você?

Ver outras pessoas se beneficiando com as suas realizações ajuda. Ao encerrar, saiba que essa visão futura está caminhando na sua direção.

Agora vamos para a Fase 5: Dominando o seu dia.

Pense no seu dia como uma série de etapas ou segmentos. Você está prestes a ver cada seção se desenrolar com uma intenção perfeita.

Começaremos pela manhã, logo após você concluir sua meditação. Se estiver meditando à noite, deverá ser a manhã seguinte.

Defina como você gostaria que sua manhã se desenrolasse.

Qual é a primeira coisa que você faz? Talvez você veja seus exercícios matinais indo maravilhosamente bem. Talvez você sinta o delicioso e nutritivo sabor do seu café da manhã … Ou veja seu dia de trabalho, estudo ou lazer indo perfeitamente bem. Veja o tempo avançando: 9h, 10h, 11h…

Veja rostos sorridentes ao seu redor. Veja belas sincronicidades passando e sentimentos de leveza e alegria.

Veja sua hora do almoço indo superbem, se sentindo inspirado, profundamente conectado consigo mesmo e com as pessoas ao seu redor, tranquilo e positivo. Você pode listar reuniões ou eventos específicos que acontecerão durante o dia e definir uma intenção para que cada um deles flua como você gostaria.

Veja o avanço do tempo: 14h, 15h, 16h, 17h…

Ao encerrar o dia, talvez se veja voltando para casa ou se encontrando com pessoas queridas, desfrutando de risadas, relaxamento, alegria e felicidade.

Veja sua noite indo maravilhosamente bem.

E agora veja-se indo para a cama, prestes a ter uma noite de sono maravilhosa, revigorante e saudável.

Você concluiu a Fase 5.

Agora vamos para a Fase 6: A bênção.

Você pedirá uma bênção para concluir sua prática e ajudar na jornada de hoje.

Reserve um instante para se conectar a qualquer poder superior em que você acredita, seja certa divindade, o Universo, o "campo"… Qualquer palavra que você use para descrever seu poder superior. Se você é ateu, veja uma versão mais velha e sábia de si mesmo abençoando você e suas intenções.

Imagine essa bênção como uma bela luz dourada ou branca brilhando de cima. Permita que essa luz percorra sua cabeça e desça pela coluna, até a ponta dos dedos dos pés. Agora, imagine essa luz se expandindo do seu corpo para formar uma bolha ao seu redor, envolvendo você em um escudo de luz amorosa e infinitamente poderosa enviada pelo seu poder superior. Saiba que essa bênção estará com você pelo resto do dia para protegê-lo da negatividade, apoiar e preencher seu ser com todas as qualidades que você precisa para florescer.

Essa é a sua bênção.

Você completou a Meditação de Seis Fases.

Agora, vou contar de um a cinco. Quando chegar ao cinco, você estará bem acordado, se sentindo maravilhoso, em perfeita saúde e melhor do que antes.

Um, dois, três... Prepare-se para abrir os olhos, se sentindo maravilhoso, com a saúde perfeita, se sentindo melhor do que antes... Quatro, cinco... Olhos abertos, bem acordado, se sentindo alerta, maravilhoso, positivo, revigorado, melhor do que antes.

Eu sou Vishen Lakhiani. Obrigado por se juntar a mim na Meditação de Seis Fases.

AGRADECIMENTOS

Em primeiro lugar, muito obrigado a toda a minha família, Hayden, Eve, Kristina, Mohan, Roopi, Virgo e Ljubov, e a todos os meus amigos incríveis que ajudaram a me tornar quem eu sou hoje.

Também gostaria de agradecer a todos os autores e instrutores da Mindvalley que me nutriram com sabedoria, facilitaram meu crescimento pessoal por mais de duas décadas e inspiraram muitos dos ensinamentos neste livro.

Muito obrigado à equipe da Penguin Random House e Donna Loffredo pelo profissionalismo e o apoio inabaláveis. Foi um privilégio enorme ter trabalhado tão de perto com vocês neste projeto.

E, por último, mas não menos importante, à minha coeditora e colaboradora Amy White: a britânica boca-suja com um senso de humor genial que me ajudou a montar este livro. Obrigado por compilar minhas ideias, traduzi-las em palavras e estalar o chicote que me mantinha dentro dos prazos.

NOTAS

PREFÁCIO

1. Miguel Talks Connecting With Fans Through Meditation Before His Shows. Disponível em https://www.billboard.com/music/rb-hip-hop/miguel-meditation-interview-8477080/. Acesso em: 26 set. 2018.

2. The World's Broken Workplace. Disponível em: https://news.gallup.com/opinion/chairman/212045/world-broken-workplace.aspx. Acesso em: 13 jun. 2017.

INTRODUÇÃO

3. 28 Meditation Statistics: How Many People Meditate? Disponível em: https://www.thegoodbody.com/meditation-statistics/. Acesso em: 13 jan. 2022.

4. Allen, Summer. *The Science of Gratitude*. Greater Good Science Center. UC Berkeley, 2018.

5. Carson, James W., et al., "Forgiveness and Chronic Low Back Pain: A Preliminary Study Examining the Relationship of Forgiveness to Pain, Anger, and Psychological Distress," *Journal of Pain*, vol. 6, no. 2, Feb. 2005, pp. 84–91, DOI.org (Crossref), Disponível em: https://doi.org/10.1016/j.jpain.2004.10.012. Acesso em: 14 dez. 2023.

6. Lakhiani, Vishen, *The Code of the Extraordinary Mind: Ten Unconventional Laws to Redefine Your Life and Succeed on Your Own Terms*, Rodale, 2016.

7. Achor, Shawn, *The Happiness Advantage: How a Positive Brain Fuels Success in Work and Life*, Currency, 2013.

CAPÍTULO 1

8. Kafko, Steven, "History Lesson – How America Started Brushing Teeth," 209 NYC Dental, 22 November 2016, Disponível em: https://www.209nycdental.com/history-lesson-america-started-brush-teeth/. Acesso em: 14 dez. 2023.

9. Tetlock, Phillip, "A Social Check on the Fundamental Attribution Error," *Social Psychology Quarterly*, vol. 48, no. 3, Sept. 1985, pp. 227–36,

10. Diener, Ed, and Martin E. P. Seligman, "Very Happy People," *Psychological Science*, vol. 13, no. 1, Jan. 2002, pp. 81–84, DOI.org (Crossref), Disponível em: https://doi.org/10.1111/1467-9280.00415. Acesso em: 14 dez. 2023.

11. Davidson, Richard, "Regulation of the Neural Circuitry of Emotion by Compassion Meditation: Effects of Meditative Expertise," University of Wisconsin-Madison, 2008, Disponível em: https://news.wisc.edu/study-shows-compassion-meditation-changes-the-brain/#sthash.416H9FF5.dpuf. Acesso em: 14 dez. 2023.

12. Weng, Helen Y., et al. "Compassion Training Alters Altruism and Neural Responses to Suffering," *Psychological Science*, vol. 24, no. 7, July 2013, pp. 1171–80. Disponível em: https://doi.org/10.1177/0956797612469537. Acesso em: 14 dez. 2023.

13. Hamilton, David R., "Loving Kindness Slows Ageing at the Genetic Level," 14 Aug. 2019, Disponível em: https://drdavidhamilton.com/loving-kindness-slows-ageing-at-the-genetic-level/. Acesso em: 14 dez. 2023.

14. Gregoire, C., "Kindness Really Does Make You More Attractive," *HuffPost*, 29 Oct. 2014, https://www.huffpost.com/entry/kindness-attractive_n_6063074. Acesso em: 14 dez. 2023.

15. McCraty, Rollin, et al., "The Resonant Heart," HeartMath Institute, 2005, Disponível em: https://www.heartmath.org/research/research-library/relevant/the-resonant-heart/. Acesso em: 14 fev. 2022.

CAPÍTULO 2

16. Stillman, Jessica, "In 1922 Einstein Scribbled the Secret to Happiness on a Note. Nearly a Hundred Years Later It Sold for $1.56 Million," *Inc.com*, 29 Nov. 2021, Disponível em: https://www.inc.com/jessica-stillman/albert-einstein-happiness-theory.html. Acesso em: 14 dez. 2023.

17. Sullivan, Dan, and Benjamin Hardy, *The Gap and the Gain: The High Achievers' Guide to Happiness, Confidence, and Success*, Hay House, 2021.

18. Emmons, Robert A., *Thanks! How the New Science of Gratitude Can Make You Happier*, Houghton Mifflin, 2007

19. "Giving Thanks Can Make You Happier," *Harvard Health Publishing*, 22 Nov. 2011, Disponível em: https://www.health.harvard.edu/healthbeat/giving-thanks-can-make-you-happier. Acesso em: 14 dez. 2023.

20. OHCHR, *Annual Thematic Reports: Special Rapporteur on the Right to Adequate Housing*, United Nations, Disponível em: https://www.ohchr.org/EN/Issues/Housing/Pages/AnnualReports.aspx. Acesso em: 14 fev. 2022.

21. Wattles, W. D., *The Science of Getting Rich: Your Master Key to Success*, Thrifty Books, 2009.

CAPÍTULO 3

22. Zheng, Xue, et al. "The Unburdening Effects of Forgiveness: Effects on Slant Perception and Jumping Height," *Social Psychological and Personality Science*, vol. 6, no. 4, May 2015, pp. 431–38, DOI.org (Crossref), Disponível em: https://doi.org/10.1177/1948550614564222. Acesso em: 14 dez. 2023.

23. Friedberg, Jennifer P., et al., "The Impact of Forgiveness on Cardiovascular Reactivity and Recovery," *International Journal of Psychophysiology*, vol. 65, no. 2, Aug. 2007, pp. 87–94, Disponível em: https://doi.org/10.1016/j.ijpsycho.2007.03.006. Acesso em: 14 dez. 2023.

24. "Alpha One Brain Training and Neurofeedback," Biocybernaut Institute, Disponível em: https://www.biocybernaut.com/training/. Acesso em: 14 fev. 2022.

25. Walsch, Neale Donald, *The Little Soul and the Sun: A Children's Parable*, adaptado de: *Conversations with God*, Hampton Roads Publishing, 1998.

CAPÍTULO 4

26. Kearns, Dwight W., and Jane Crossman, "Effects of a Cognitive Intervention Package on the Free-Throw Performance of Varsity Basketball Players During Practice and Competition," *Perceptual and Motor Skills*, vol. 75, no. 3 suppl., Dec. 1992, pp. 1243–53, Disponível em: https://doi.org/10.2466/pms.1992.75.3f.1243. Acesso em: 14 dez. 2023.

27. Ranganathan, Vinoth K., et al., "From Mental Power to Muscle Power – Gaining Strength by Using the Mind," *Neuropsychologia*, vol. 42, no. 7, 2004, pp. 944–56, Disponível em: https://doi.org/10.1016/j.neuropsychologia.2003.11.018. Acesso em: 14 dez. 2023.

28. Silva, José, and Philip Miele, *The Silva Mind Control Method*, Pocket Books, 1991.

29. Simonton, O. Carl, et al., *Getting Well Again: A Step-by-Step, Self-Help Guide to Overcoming Cancer for Patients and Their Families*, J. P. Tarcher, distribuído por: St. Martin's Press, 1978.

30. Blue Banyan AU, "Creative Visualization: The Neurology of How It Works – And How to Make It Work for You!" *Medium*, 22 April 2014, Disponível em: https://medium.com/@BlueBanyanAU/creative-visualization-the-neurology-of-how-it-works-and-how-to-make-it-work-for-you-8994211a7675. Acesso em: 14 dez. 2023.

CAPÍTULO 5

31 Bokhari, Dean, "The Power of Focusing on What You Want (How Your Brain's Reticular Activating System Functions in Your Favor)," Disponível em: https://www.meaningfulhq.com/reticular-activating-system-function.html. Acesso em: 14 fev. 2022.

CAPÍTULO 6

32. "The Global Religious Landscape," Pew Research Center, Religion & Public Life Project, 18 Dec. 2012, Disponível em: https://www.pewforum.org/2012/12/18/global-religious-landscape-exec/. Acesso em: 14 dez. 2023.

33. "Results of World's Largest Near Death Experiences Study Published," University of Southampton, 7 Oct. 2014, Disponível em: https://www.southampton.ac.uk/news/2014/10/07-worlds-largest-near-death-experiences-study.page. Acesso em: 14 fev. 2022.

34. Harrison, Paul, "Adding Emotion to Atheism," *New Statesman*, 9 June 2021, Disponível em: https://www.newstatesman.com/politics/2008/06/universe-atheism-pantheist-god. Acesso em: 14 dez. 2023.

CAPÍTULO 7

35. Urban, Tim, "The Great Battle of Fire and Light," *Wait But Why*, 26 Aug. 2019,

SOBRE O AUTOR

VISHEN LAKHIANI é o fundador e CEO da Mindvalley, a plataforma de transformação mais poderosa do mundo, com uma comunidade crescente de vinte milhões de membros e a missão de ajudar pessoas a alcançarem sua grandeza. Ele é autor dos best-sellers do *New York Times*: *O Buda e o Cara: A secreta arte milenar para ter sucesso no trabalho e na vida* e *O código da mente extraordinária*, traduzido para mais de vinte idiomas.

Use este QR Code para desbloquear GRATUITAMENTE seu programa da Meditação de Seis Fases on-line

Livros para mudar o mundo. O seu mundo.

Para conhecer os nossos próximos lançamentos
e títulos disponíveis, acesse:

🌐 www.**citadel**.com.br

f /**citadeleditora**

📷 @**citadeleditora**

🐦 @**citadeleditora**

▶ Citadel – Grupo Editorial

Para mais informações ou dúvidas sobre a obra,
entre em contato conosco por e-mail:

✉ contato@**citadel**.com.br